Isaac Cattan

DEMOCRACIA ACIONÁRIA

Distribuição e Exercício do Poder nas Organizações Empresariais

Isaac Cattan

DEMOCRACIA ACIONÁRIA

Distribuição e Exercício do Poder nas Organizações Empresariais

GZ
EDITORA

Rio de Janeiro
2022

1ª edição - 2022

Presidente do Conselho Editorial
Nelson Nery Costa

Capa
Wirestock

Diagramação
Olga Martins

CIP - Brasil. Catalogação-na-fonte.
Sindicato Nacional dos Editores de Livros, RJ.

C36d

Cattan, Isaac
Democracia acionária: distribuição e exercício do poder nas organizações empresariais / Isaac Cattan. - 1. ed. - Rio de Janeiro: GZ, 2021.
160 p.; 24 cm.

Inclui bibliografia e índice
ISBN 978-65-5813-018-5

1. Democracia. 2. Sociedades comerciais - Legislação. 3. Sociedades por ações - Brasil. 4. Brasil. [Lei das sociedades por ações (1976)]. 5. Governança corporativa. I. Título.

21-69866
CDU: 347.7:321.7(81)

contato@editoragz.com.br
www.editoragz.com.br
Estrada do Capuava, nº 1325 - Box Q - CEP 06715-410
Bairro Barro Branco - Município de Cotia - SP
Tels.: (0XX21) 99585-0737 / 99755-0737

Impresso no Brasil
Printed in Brazil

Ao meu avô, Isaac Cattan (in memoriam), *de quem herdei o nome e o exemplo de bondade, perseverança, dignidade e caráter.*

"A democracia não corre, mas chega segura ao objetivo."
GOETHE, Johann (1749-1832), escritor e pensador alemão.

"Além disso, o que a tudo enfim me obriga
É não poder mentir no que disser,
Porque de feitos tais, por mais que diga,
Mais me há-de ficar inda por dizer."
CAMÕES, Luís Vaz de (1524-1580). *Os Lusíadas*,
Canto III, Estrofe 5.

Agradecimentos

Muitos são os merecedores de agradecimentos pela conclusão desta obra, baseada em minha Dissertação de Mestrado defendida em 19 de junho de 2020 como etapa conclusiva de três enriquecedores e árduos anos de estudos no Programa de Pós-Graduação da Faculdade de Direito da Universidade de São Paulo. Mencionar nominalmente todos os participantes e apoiadores desta empreitada seria impossível. Assim, cito aqui, sucintamente, aqueles que de forma mais próxima e direta contribuíram para meu sucesso neste desafio.

Primordialmente, agradeço a D'us[1] por ter me agraciado com o dom de fazer as escolhas corretas e a força para perseguir meus sonhos e objetivos.

Agradeço à Universidade de São Paulo e à sua Faculdade de Direito pelos oito mágicos anos que passei nas Arcadas do Largo de São Francisco, entre Graduação e Mestrado, onde adquiri patrimônio do qual jamais serei tolhido: grandes amigos e conhecimento.

Sou imensamente grato ao meu orientador, Prof. Titular Dr. Newton De Lucca, que, com sua sabedoria, paciência e dedicação, guiou-me com maestria singular na construção deste livro. Das minuciosas considerações sobre o emprego do vernáculo às questões mais fundamentais do Direito, cada palavra do Prof. De Lucca constituiu uma verdadeira aula em si mesma, sendo decisiva não apenas para a conclusão desta obra, mas para minha formação como pesquisador e como ser humano.

À minha família, pilar da minha existência, rendo agradecimentos infinitos. Aos meus pais, Raphael e Karina, pelo amor incondicional e apoio irrestrito ao meu sucesso acadêmico e profissional. Aos meus irmãos, Beni, Gabriel e Mira, pela convivência e alegria que me proporcionam durante todos os dias de minha vida. Aos meus avós, Isaac (Z"L), Mira (Z"L), Beni e Norma, pelo esforço passado que dá a nós a perspectiva de um positivo futuro.

Faço duas especiais homenagens. A Rafael Szmid, para todos um brilhante acadêmico e advogado, e para mim também mentor e amigo, cujas ideias, conselhos e lições foram decisivos para os passos mais importantes de minha carreira. A Camila, pelos sorrisos, incentivos e compreensão, e por me mostrar que conquistas só fazem sentido se compartilhadas.

Não posso deixar de agradecer ao Instituto Ling e à Associação WeDucate, entidades que, acreditando no meu potencial e movidas pela convicção no poder transformador da educação, apoiam minhas novas iniciativas acadêmicas.

---

1 Adota-se a grafia "D'us" para, em cumprimento aos preceitos judaicos, não invocar Seu Nome em vão.

Por fim, agradeço ao escritório Levy & Salomão – Advogados por todo o incentivo e suporte ao longo de minha jornada acadêmica, bem como pelas preciosas lições ao longo dos últimos oito anos na advocacia empresarial.

Prefácio

Honrou-me o autor da presente obra com o amável convite para prefaciá-la. Ela é fruto da dissertação de mestrado apresentada pelo então candidato, Isaac Cattan, à Faculdade de Direito da Universidade de São Paulo, perante a banca examinadora, por mim presidida, e composta pelos professores Leonardo Netto Parentoni, Renata Mota Maciel e Roberto Augusto Castellanos Pfeiffer. Como orientador que fui, de acordo com as normas vigentes, não pude votar na oportunidade. Nem ele precisaria do meu voto, se fosse possível dá-lo, pois a referida banca o aprovou por unanimidade...

O título do livro, *Democracia Acionária – Distribuição e Exercício do Poder nas Organizações Empresariais,* já sugere a magnitude do desafio. Assim, o seu principal capítulo investiga, como não poderia deixar de ser, o conceito fundamental de *democracia*, avaliando a possibilidade de sua aplicação às sociedades empresárias, tarefa esta muito corajosa, a meu ver, pois a democracia, desde os tempos da Antiguidade Clássica, sempre despertou as mais intensas e insolúveis controvérsias, a começar pela trindade áurea de Atenas, representada por Sócrates, Platão e Aristóteles. Sabe-se que a palavra *democracia* tem origem grega, sendo formada por dois vocábulos gregos: *demos* que significa *povo* ou *muitos*, ao passo que *kracia* designa *governo* ou *autoridade*. O autor não se ateve a fazer mera investigação etimológica, ainda que ciente de sua extraordinária importância. Trata-se, com efeito, de uma opção metodológica respeitável, de há muito reconhecida, sendo designada por Hannah Arendt como *fenomenologia conceitual* ou *terminológica*.[2] Buscou apoio nos mais autorizados autores para explicar o conceito, principiando pela figura exponencial de Rousseau (*Le Contrat Social*), e passando por outras três estrelas de primeira grandeza como Montesquieu (*L'Ésprit des Lois*), Kelsen (*Teoria Pura do Direito*) e Habermas (*Direito e Democracia*...)

No decorrer de tal empreitada, Isaac procurou estudar a gênese comum e os paralelos entre as organizações estatais e as organizações empresariais, expondo os reflexos da cultura e das regras constitucionais na legislação comercial. Delimitou, com o devido cuidado, os traços do regime democrático admissíveis aos arranjos privados, analisando até que ponto eles podem ser considerados compatíveis com a eficiência e o escopo lucrativo, sempre incansavelmente perseguidos por empreendedores e investidores. Compreendeu ele, por fim – fazendo-o com inegável acerto –, que determinados aspectos da democracia são não apenas plenamente compatíveis com a disciplina jurídica

2 Cf. ADEODATO, João Maurício. *Ética e Retórica para uma Teoria da Dogmática Jurídica.* 2ª ed. revista e ampliada. São Paulo: Saraiva, 2006, p. 41.

do poder acionário, mas também são os que se revelam mais presentes nas companhias sólidas e nos mercados nitidamente mais saudáveis.

No capítulo seguinte, o autor explora as relações de poder nas companhias brasileiras, tal como estabelecidas na Lei nº 6.404/76, a Lei das Sociedade por Ações, inegavelmente um dos diplomas mais bem elaborados do direito societário brasileiro. Novamente adotando uma visão necessariamente historicista do fenômeno jurídico, o autor cuidou de relacionar a versão original de referido diploma legal ao momento político de sua edição, bem como suas reformas ao processo de redemocratização nacional. Além de ser de especial interesse para nós, brasileiros, a análise da compatibilidade entre a lei e os princípios democráticos destacados no capítulo inicial é emblemática, haja vista as peculiaridades do regramento societário brasileiro; destacadamente, a positivação da figura do acionista controlador - que deixou o proscênio do teatro para atuar no palco, à luz dos refletores, na expressiva linguagem do professor Fábio Konder Comparato - e a atribuição a ele de diversos deveres fiduciários. E, sob tal aspecto, o que depõe muito a favor da presente obra é a visão pragmática dada por Isaac ao trabalho, tentando lançar novas luzes a respeito dos aprimoramentos necessários às estruturas de coordenação e subordinação nas companhias.

O último capítulo do livro traz o que há de mais novo no debate sobre a modelagem das relações entre sócios, e entre as companhias e as comunidades que as cercam. Trata do instituto da chamada *Governança Corporativa*, assim definido pela Comissão de Valores Mobiliários (CVM): "*Conjunto de práticas que tem por finalidade otimizar o desempenho de uma companhia ao proteger todas as partes interessadas, tais como investidores, empregados e credores, facilitando o acesso ao capital*", especialmente caro, para mim, que tentei, no passado, ainda que de forma panorâmica, pôr em realce o seu conteúdo eminentemente ético.[3]

Com efeito, a Governança Corporativa assume papel de relevo no que se refere à consciência ética por parte das empresas. Sua contribuição para o fomento à existência de companhias mais transparentes é inquestionável e, como mostra este livro, indubitavelmente democrática. O capítulo demonstra, em suma, que sociedades que adotam os princípios aventados nas seções anteriores, diferentemente do que poderia sugerir o senso comum, são mais prósperas e resistentes a crises, por gerarem externalidades positivas. Em âmbito mais amplo, fica igualmente evidente que a disseminação de tais sociedades engendra mercados acionários menos especulativos e melhor alocação do capital produtivo.

---

3 Cf. DE LUCCA, Newton. *Da Ética Geral à Ética Empresarial*. São Paulo: Quartier Latin, 2009, pp. 383 e ss.

Ficam assim, apenas palidamente entrevistos, os aspectos que me pareceram mais significativos da presente obra. Com ela aprendi, de fato, o significado maior daquela passagem de Guimarães Rosa, em seu extraordinário *Grande Sertão: Veredas*: *"Mestre não é quem sempre ensina, mas quem de repente aprende"*.

Boa leitura a todos.

Newton De Lucca

Mestre, Doutor, Livre-Docente, Adjunto e Titular pela
Faculdade de Direito da Universidade de São Paulo
Professor Permanente do Programa de pós-graduação
stricto sensu da UNINOVE
Desembargador Federal do TRF da 3ª Região
(Presidente no biênio 2012/2014)
Membro da Academia Paulista dos Magistrados
Membro da Academia Paulista de Direito
Membro da Academia Paulista de Letras Jurídicas

Sumário

1

Introdução

Serve-se a presente introdução de excerto do magistério de SALOMÃO FILHO ao explicar qual deve ser a base de qualquer estudo em Direito Societário: "É fundamental, portanto, ao iniciar o estudo jurídico das sociedades fazer uma análise da influência das estruturas de poder sobre a realidade societária".[1]

A análise das estruturas de poder sobre a realidade societária é, para esta obra, base, eixo e norte. Diante de um contexto de abertura dos mercados aos investidores individuais, horizontalização das relações laborais e afirmação de minorias, cuida este trabalho de investigar a possibilidade de se aventar um regime democrático para as organizações empresariais, considerando ser a democracia um conceito extraído da Teoria do Estado. Nasce da inquietação a respeito do uso indiscriminado do termo "democracia" e seus derivados na atualidade, bem como da curiosidade sobre os efeitos de sua aplicação ao ordenamento[2] jurídico societário, por definição inserto na disciplina do Direito Privado.

Uma das abordagens para a resolução destas questões será a investigação sobre como regimes políticos imprimem suas características na

---

1 SALOMÃO FILHO, Calixto. *Novo Direito Societário.* São Paulo: Malheiros Editores, 2011, 4ª ed. rev. ampl. p. 56.

2 Utiliza-se neste livro a expressão "ordenamento jurídico", consagrada pelo uso e pela doutrina majoritária, embora reconhecida a maior adequação etimológica da expressão "ordenação jurídica". A última representa a derivação correta para a língua portuguesa do substantivo latino "*ordinatio*", o qual indica lei, decreto ou regulamentação; haja vista a nomenclatura de alguns sistemas normativos em vigor no Brasil durante o período colonial, como as Ordenações Manuelinas, Ordenações Afonsinas e Ordenações do Reino. *In*: ALMEIDA, Napoleão Mendes de. *Dicionário de Questões Vernáculas.* 4ª ed. São Paulo: Ática, 1998, p. 387. "Ordenamento jurídico", assim, é uma adaptação do vocábulo italiano "*ordinamento giuridico*", transposta imprecisamente para o português. Nesse sentido, a lição de Newton DE LUCCA: "À palavra ordenamento jurídico, absolutamente corrente na doutrina brasileira, tenho preferido, para fugir do injustificável italianismo, ordenação jurídica, mais consentânea com o idioma Português, conforme já destacado pela autorizada voz do gramático Napoleão Mendes de Almeida". DE LUCCA, Newton; SIMÃO FILHO, Adalberto (coord.). *Comentários à Nova Lei de Recuperação de Empresas e Falências.* São Paulo: Quartier Latin, 2005, p. 34. NR 46.

organização das empresas, e quais as consequências desse reflexo para a eficiência, concentração de poder e observância do interesse público na atividade empresarial.

Haja vista o intuito de alcançar conclusões que conduzam à reforma de diplomas legislativos ou de sua hermenêutica, este estudo encaixa-se no quadrante "pesquisa sobre reforma do Direito (interdisciplinar e aplicada) – estudos sóciojurídicos" ou "*law in context*",[3] conforme divisão idealizada por ARTHURS.[4] Tem como orientação permanente o fomento ao debate público e criação de novos arranjos institucionais, seguindo a orientação de UNGER.[5]

Esta obra tem como ponto de partida natural a análise crítica da literatura jurídica relacionada a Direito Societário, em especial a que trata das relações de poder entre os acionistas, e, em caráter acessório, é estudada a bibliografia de Direito Constitucional e Teoria do Estado, para complementar os pontos de intersecção entre ambas as áreas do Direito.

À luz do escopo deste trabalho, o estudo doutrinário é necessariamente acompanhado da análise legislativa, em especial da análise de diferentes diplomas legais disciplinadores das sociedades por ações ao longo do tempo e pelo mundo. Assim, o presente trabalho tem acentuado caráter comparativo, nos planos temporal e territorial. FALBO destaca que a primeira questão a ser enfrentada pelo pesquisador no âmbito da produção da pesquisa jurídica no Brasil é a do lugar sociohistórico do próprio observador.[6] Essa questão define o comportamento crítico do pesquisador quanto à consciência da exterioridade de sua situação histórica. Enfrentar o problema do "tempo presente" é condição para que se possa repensar a História passada.

E este enfrentamento só é possível com a delimitação de conceitos claros, a qual é feita especialmente nos primeiros capítulos do trabalho, como construção dos pilares da análise a ser desenvolvida nos capítulos

---

3 Tradução livre do original em inglês: "*Law reform research (socio-legal research/'law in context')*".

4 ARTHURS, Harry William. *Law and Learning: Report to the Social Sciences and Humanities Research.* Council of Canada by the Consultative Group on Research and Education in Law, Information Division, Social Sciences and Humanities Research Council of Canada, Ottawa, 1983.

5 UNGER, Roberto Mangabeira. *O Direito e o Futuro da Democracia.* São Paulo: Boitempo, 2004.

6 FALBO, Ricardo Nery. A Contribuição da Teoria Crítica para o Direito. *In: Metodologia da Pesquisa em Direito.* BELO, Enzo; ENGELLMAN, Wilson (coord.). Caxias do Sul: Educs, 2015, p. 27.

posteriores, quais sejam: "democracia", "poder de controle", "conflito de interesses", "função social" e outros.

Delimitados os conceitos e esmiuçadas a legislação e a doutrina, serão estudados e interpretados os mecanismos de autorregulação em ascensão no Brasil e no mundo, visando a identificar relações entre (i) a existência de códigos deontológicos ou mecanismos especiais de governança em países com economia de mercado na atualidade; (ii) predominância de empresas com capital disperso nos países em que tais mecanismos existem; (iii) maior incidência de "democracia acionária" em tais países; e (iv) maior eficiência das empresas no espaço-tempo. Esta última etapa requererá a realização de pesquisa empírica, com análise de índices em bolsas de valores e de crescimento econômico. A coleta destes dados será fundamental para embasar o exame das questões colocadas no trabalho e permitir conclusões sobre a possibilidade de se falar em democracia acionária e sua manifestação na economia e no mercado de capitais.[7]

Pretende, assim, a presente obra, com base nestas premissas e após elucidados conceitos principais, adotar um viés prático e propositivo, com foco na evolução da legislação societária brasileira.

Investigações acadêmicas recentes têm se preocupado com a importação de modelos societários, nem sempre em perfeita coerência com os contextos político, econômico e cultural pátrios. A própria lei acionária brasileira, a Lei nº 6.404, de 15 de dezembro de 1976 ("Lei das Sociedades por Ações" ou "Lei das Sociedades Anônimas"), segundo LAMY FILHO e BULHÕES PEDREIRA, autores de seu anteprojeto, buscou conciliar o que havia de melhor no Direito das Companhias brasileiro, ou de tradição romano-germânica como um todo, e no Direito anglo-saxônico, tendo como motivação a liderança econômica estadunidense em escala global e a onipresença das companhias multinacionais baseadas nos Estados Unidos da América.[8]

A Lei das Sociedades por Ações, conforme explicam os autores de seu anteprojeto,[9] ainda teve que ser editada com os cuidados exigidos

---

7 GENN *et al.* sugerem o estudo empírico como forma de confirmação – positiva ou negativa – dos pontos de partida adotados pelo pesquisador. *In:* GENN, Dame Hazel. *The Nuffield Inquiry on Empirical Legal Research.* 2006. Disponível em: <https://www.nuffieldfoundation.org/sites/default/files/Law%20in%20the%20Real%20World%20full%20report.pdf>. Acesso em: 10 out. 2017.

8 LAMY FILHO, Alfredo; BULHÕES PEDREIRA, José Luiz (coord.). *Direito das Companhias.* Rio de Janeiro: Forense, 2009, pp. 13 e 14.

9 *Ibidem*, pp. 17 e 18.

por um país inserido num contexto de crise inflacionária e sem tradição de aplicação da poupança popular em ações de companhias listadas em bolsas de valores, além da ausência de prevenção e repressão adequadas à tão recorrente prática da negociação com base em informações privilegiadas (também conhecida como "*insider trading*").

Sugere-se aqui acrescentar ao contexto recuperado por LAMY FILHO e BULHÕES PEDREIRA[10] o cenário político experimentado pelo Brasil nos anos 1970. O país vivia uma ditadura militar desde 1964, a qual instaurou uma agenda econômica pretensamente liberal, privilegiando, em contrapartida, grupos oligárquicos controladores dos grandes conglomerados econômicos.

A Lei das Sociedades por Ações foi desenvolvida em consonância com diversas outras leis societárias em vigor no mundo. Como atesta o próprio LAMY FILHO, a ausência de previsão legal de emissão de alguns valores mobiliários (como debêntures) e de formas de organização do controle acionário (como pela celebração de acordos de acionistas) geravam dificuldades para um empresariado nacional cada vez mais conectado com o estrangeiro.[11]

No entanto, conforme adiantado acima, o Brasil dos anos 1970 era um país dominado por um regime ditatorial aliado a grandes grupos oligárquicos, numa aliança que permitia um ciclo de sustentação mútua. Assim, a Lei das Sociedades por Ações concentrou uma série de prerrogativas funcionais na figura do acionista controlador, em vez de atribuí-las a órgãos sociais ou diluí-las no corpo acionário.[12]

Neste ponto, será esclarecedor o paralelo com a Lei Societária alemã de 1937, a qual tratou de impor às sociedades empresárias um modelo decisório concentrado que emulava a estrutura de poder assumida pelo Estado alemão, além de ter especial cuidado em garantir a viabilidade e preponderância das grandes corporações que tivessem vigor industrial suficiente para garantir os objetivos expansionistas do regime.

Ademais, a Lei das Sociedades por Ações tratou de disciplinar os grupos empresariais, privilegiando os grandes conglomerados econômicos e dando margem a extensas discussões a respeito dos conflitos de

---

10 LAMY FILHO, Alfredo; BULHÕES PEDREIRA, José Luiz (coord.). *Direito das Companhias*. Rio de Janeiro: Forense, 2009.

11 LAMY FILHO, Alfredo. *Temas de S.A.* Rio de Janeiro: Renovar, 2007.

12 COMPARATO, Fábio Konder; SALOMÃO FILHO, Calixto. *O Poder de Controle na Sociedade Anônima*. 5ª ed. São Paulo: Forense, 2005, p. 142.

interesses intragrupo, com o constante manejo das atividades de cada sociedade dos conglomerados em prol dos fins adotados pela sociedade "*holding*".

Com a transição democrática, liberalização econômica e política de privatizações, a Lei das Sociedades por Ações foi reformada. Assim, importará avaliar em que medida as reformas legislativas acompanharam o ideal democrático que permeou a distensão da ditadura e, posteriormente, a promulgação da Carta Magna de 1988. Ainda, caberá a esta obra separar as inovações legislativas oriundas da transição democrática daquelas que tiveram o intuito de manter o controle estatal sobre a atividade econômica a despeito das privatizações.

Como conclusão do estudo do caso brasileiro, serão analisadas as tendências de novas reformas à legislação societária pátria, à vista da simbiose entre o poder econômico e o poder político.

Especificamente, e voltando-se ao eixo original do tema, este estudo se preocupa com três possíveis consequências da concentração do poder econômico e, assim, da deficiência democrática no âmbito da organização empresarial: (i) eficiência insatisfatória das empresas, tanto no sentido da geração de receitas e longevidade da organização empresarial quanto na reversão de benefícios às comunidades em que se inserem; (ii) desestímulo à inovação empresarial em matéria de novas estruturas organizacionais e otimização de seus processos decisórios; e (iii) criação de cenário de sujeição de empresas a interesses governamentais.

Este trabalho se insere no contexto da agenda de pesquisa em Direito Societário que o analisa sob o aspecto de sua interface com o Direito do Estado e com a Economia Política. Responde, também, à atual necessidade de centrar esforços acadêmicos no campo da ética empresarial, à luz da ideia de imprescindibilidade da atividade empresária para a sociedade.[13] Por fim, tem relação com a agenda acadêmica em ascensão no contexto internacional de estudo do fenômeno do controle societário e idealização de novos modelos de governança corporativa, mais eficientes, horizontalizados e acessíveis. São inúmeras as variáveis históricas, culturais e econômicas que dão origem a determinados modelos de governança, bem como à transformação e disfunção deles.

---

13 DE LUCCA investiga a necessidade de se desenvolver a ética empresarial enquanto estudo inserto no Direito Empresarial, concluindo pela necessidade de se entronizar preocupações éticas na vida empresarial, por meio, por exemplo, da elaboração de códigos de ética para sociedades empresárias. *In*: DE LUCCA, Newton. *Da Ética Geral à Ética Empresarial*. São Paulo: Quartier Latin, 2009.

A presente obra passará, assim, pela análise da causalidade entre determinados regimes políticos e a formação de estruturas empresariais, com o intuito de identificar qual o papel e a amplitude de ação do Direito Comercial e Societário na prevenção ao surgimento e na correção de estruturas que privilegiem a concentração exacerbada de poder ou originem ineficiências econômicas.

A parte final deste livro será dedicada às modernas discussões sobre a superação dos conflitos de interesses nas companhias e a afirmação da democracia acionária com base nas proposições do movimento da "*corporate governance*" e na autorregulação do mercado com foco em modelos societários que privilegiam a transparência, prestação de contas e tratamento igualitário dos sócios.

A sugestão de novas iniciativas em prol do fomento à democracia acionária será balizada pela avaliação do efeito conjunto que a legislação societária, as normas internas de bolsas de valores e as recomendações das associações de governança corporativa têm sobre a organização das empresas na atualidade.

Assim, o objetivo do trabalho em seu capítulo derradeiro será apurar a efetividade e a coordenação desta multiplicidade de orientações às empresas para a adoção de mecanismos decisórios. Em especial, será dada atenção ao Regulamento de Listagem do Novo Mercado da B3,[14] e à comparação do desempenho das empresas nele listadas em relação às companhias abertas listadas em outros segmentos da única bolsa de valores brasileira.

Seguindo o paralelo proposto como eixo deste livro, será feita também uma digressão para apurar se os princípios da governança corporativa encontram eco nos princípios que hodiernamente regem a Administração Pública (ou vice-versa), isto é, se o arcabouço principiológico da administração estatal que acompanha a formatação da estrutura de Estado também se aplica, na forma cabível, à gestão empresarial.

Um dos últimos tópicos será a discussão da utilidade dos códigos deontológicos de ética empresarial tão em voga em tempos de recorrentes violações dos deveres éticos – e fiduciários – de acionistas e administradores no Brasil. Adotando-se o ponto de partida utilizado por DE LUCCA,[15] há grande discordância a respeito da eficácia e conveniência

14 A Bolsa de Valores de São Paulo, após processos de fusões e reorganizações societárias, em especial a fusão entre a BM&F/BOVESPA e a Cetip, atualmente é denominada "B3 – Brasil, Bolsa, Balcão".

15 DE LUCCA, Newton. Ob. cit., pp. 347-350.

de tais códigos, uma vez que o pressuposto ético deve ser aceito implicitamente e implementado em quaisquer decisões que envolvam dilemas morais. Portanto, e por não terem poder sancionador, o grande desafio inerente à adoção desses códigos é o de criação de um novo padrão cultural na gestão empresarial, desencadeando ações concretas em todas as relações envolvendo as empresas.

Em conclusão, e tendo-se percorrido as etapas acima, a missão final será elaborar um breve balanço a respeito do estágio em que se encontra o Direito Societário pátrio no que tange à democratização das relações acionárias e as tendências de sua evolução, levando-se em consideração as perspectivas institucionais do Brasil.

2

Democracia Acionária: Um Conceito Possível?

Passa-se a seguir à análise do que parte da doutrina convencionou chamar de "democracia acionária", expressão utilizada com variados significados. Estará em exame (i) a possibilidade de se falar em "democracia acionária",[1] contraposta ao conceito de democracia oriundo da Teoria do Estado; (ii) o princípio da livre-iniciativa aplicado ao desenho de estruturas empresariais; e (iii) a existência de alguma conexão entre a democracia no plano interno das companhias e maior eficiência delas em suas atividades.

Na sequência, deverá ser abordada a motivação econômica para a defesa da implementação de um regime de "democracia acionária" nas sociedades empresárias. Afinal, o sistema econômico composto pelos agentes de mercado somente se sustenta se as estruturas societárias permitirem a maximização dos proventos econômicos de suas atividades.

Concluídas as definições sobre a democracia acionária, caberá compreender os mecanismos por meio dos quais ela se manifesta. Afinal, como se verá, a democracia entre sócios é um conceito muito mais amplo e complexo do que o mero poder de voto atribuído a cada acionista em função do número de ações de sua titularidade. Trata-se de ter para com o conjunto de interesses dos acionistas um olhar contramajoritário, ou seja, permitir a preservação dos direitos classificados como fundamentais inerentes à titularidade acionária e manter abertos e eficazes os canais de manifestação dos acionistas minoritários. Assim, será o caso de se examinar criticamente as propostas da doutrina para a superação dos conflitos de interesses no âmbito dos processos decisórios das sociedades empresárias.

Este exame naturalmente exige a revisão da composição e funcionamento dos órgãos deliberativos, principalmente daqueles mandatoriamente instalados por força do disposto na Lei das Sociedades por Ações, quanto de outros órgãos, criados *ad hoc* ou por conveniência de

---

1 Ou, a *contrario sensu*, em "tirania acionária", como em COMPARATO, Fábio Konder; SALOMÃO FILHO, Calixto. *O Poder de Controle na Sociedade Anônima*. 5ª ed. São Paulo: Forense, 2005, pp. 94 e 448.

cada sociedade, desde que não em conflito com disposições legais. O objetivo, com este enfoque, é verificar qual é a margem dada pela legislação societária, e em qual medida pode o empresário contribuir com sua habilidade criativa, para tornar harmônicas as relações entre sócios, com a mitigação dos cenários de conflitos.

Tratemos, assim, do conceito de democracia e dos elementos usados em sua delimitação para aplicação às normas societárias.

O conceito de "democracia", *prima facie*, parece ser distante e não ter nenhuma conexão com a atividade empresarial ou com o fenômeno associativo privado. Elemento explorado no âmbito da Teoria Geral do Estado e da Teoria Política, advém das reformas introduzidas por Clístenes na cidade-Estado de Atenas por volta do ano 500 a.C.

Após séculos de sucessões de governos monárquicos, aristocráticos e tirânicos, e importante derrota militar para Esparta, Clístenes introduziu reformas com fulcro no princípio da igualdade dos cidadãos, dando a todos o direito de participação política, independentemente de condições econômicas. Clístenes dividiu a população de Atenas em "demos", os quais deveriam eleger os membros da "assembleia do povo" (ou "Eclésia"), escolhidos como seus representantes em número proporcional às suas populações. Clístenes também instituiu a votação secreta para o Conselho ou "Bulé", órgão com as funções de controle das magistraturas e elaboração de projetos de lei a serem submetidos à Assembleia. Por fim, cominou a pena do ostracismo para aqueles que ameaçassem a democracia – ou "governo do povo", na tradução do grego "δημοκρατία" ("*dēmokratía*").

FERREIRA FILHO explica que a qualificação do regime ateniense como "democrático" e único verdadeiramente caracterizado como tal até hoje advinha da atribuição do supremo poder a todos os seus cidadãos. Cada um deles tinha o direito de votar e usar a palavra na assembleia em que se tomavam as decisões políticas fundamentais. E, corroborando os benefícios da democracia expostos na Seção 2.1 abaixo, o autor defende o regime democrático como fator que possibilitou o atingimento do apogeu militar, político e econômico ateniense.[2]

Milênios se passaram, e a democracia imergiu e emergiu diversas vezes como alternativa para os regimes políticos adotados pela civilização humana, tornando-se, atualmente, seu modelo mais difundido (ou almejado) ao redor do mundo.[3]

---

2 FERREIRA FILHO, Manoel Gonçalves. *Curso de Direito Constitucional*. 35ª ed. São Paulo: Saraiva, 2009, pp. 83 e 84.

3 Nesse sentido, FUKUYAMA, Francis. *O Fim da História e o Último Homem*. Rio de Janeiro: Rocco, 1992.

Assim, as primeiras e mais evidentes indagações ao se qualificar o conceito de "democracia" como "acionária" são:

i) De qual democracia, ou delimitação do conceito de democracia, estamos tratando?

ii) É possível utilizar o conceito de democracia, por definição atinente à disciplina do Direito Público, como ferramenta de harmonização das relações societárias, as quais são naturalmente privadas?

A primeira pergunta será respondida na Seção 2.1, e a segunda, na Seção 2.2, abaixo. Uma vez respondidas, dar-se-á continuidade ao percurso teórico proposto na Introdução.

2.1. Delimitação do conceito de democracia

A presente obra insere-se na seara da disciplina do Direito Comercial e, portanto, não pretende elaborar um estudo exaustivo a respeito do conceito de democracia. Assim, o objetivo desta Seção 2.1 é identificar quais elementos serão extraídos do conceito de democracia para os fins da apuração da existência da democracia *acionária*. De forma não menos importante, esta seção identificará os motivos subjacentes a todo este percurso teórico, ou seja, a razão e a importância de se estabelecer e defender um regime de democracia acionária para os acionistas das companhias atuais e para todo o sistema de economia de mercado.

Para extrair os elementos e premissas do conceito de democracia que nortearão a noção de democracia acionária, recorre-se a cinco teóricos principais.

O primeiro deles é ARISTÓTELES, filósofo grego posterior a Clístenes, considerado o mais antigo teórico da democracia. Na obra *A Política*, ARISTÓTELES vislumbra como três formas de governo "puras" a Monarquia, a Aristocracia e a República, ou Governo Constitucional. A democracia seria uma forma degenerada da República, ao mesmo tempo que a República teria traços da própria democracia. O traço democrático emprestado à República seria a liberdade dos homens. A democracia se dividiria, no plano teórico, em várias espécies, mas em nenhuma delas se resumiria a um governo da maioria sobre a minoria. O risco para a democracia seria uma situação de não aplicação das leis que pudesse levar ao oportunismo individual e ao consequente império da demagogia.

Ainda que a maioria sobressaia, o traço principal da democracia é ser um governo de homens livres, em contraposição, por exemplo, à oligarquia, que seria a forma degenerada da aristocracia, consistindo no governo dos homens ricos.[4] Da perspectiva aristotélica, depreender-se-á, para os fins desta definição, a igualdade dos integrantes do sistema no que tange ao acesso ao poder.

O segundo é ROSSEAU. Para o filósofo genebrino, não existe democracia senão a direta, em que o povo é chamado a decidir presencial e diuturnamente sobre os assuntos de interesse da nação, modelo factível apenas em nações de dimensões territoriais e população reduzidos. Assim, na prática, a "verdadeira democracia" é uma concepção puramente ideal. No entanto, o autor faz questão de destacar alguns dos direitos essenciais do cidadão no contexto democrático – ainda que se abstenha de traçar um estudo pormenorizado sobre eles. Em breve síntese, menciona o "*direito de votar em todo ato de soberania, direito que ninguém pode subtrair ao cidadão, e* [...] *o direito de opinar, de propor, de dividir, de discutir, que o governo, com grande cuidado, sempre procura reservar apenas a seus membros*".[5]

Para os fins do presente estudo, retiraremos deste excerto da obra de ROUSSEAU a segunda premissa para a construção da ideia de democracia acionária, qual seja o permanente e universal direito do acionista de expressar sua vontade, por meio do voto, da participação em debates ou da exposição de ideias, contribuindo para a formação de uma vontade coletiva.

A terceira premissa para a construção do conceito que aqui se pretende é a da competência decisória relativa do corpo acionário, que a exerce nos limites da coerência e da praticidade, e da delegação de competências de caráter executivo, técnico e cotidiano para um corpo de mandatários. Esta é a máxima estabelecida por MONTESQUIEU, na obra *O Espírito das Leis*, em que debate os diferentes sistemas de governo, defende a tripartição do poder e praticamente inaugura o estudo da Ciência Política. Para o autor, "*o povo que possui o poder soberano deve fazer por si mesmo tudo o que pode fazer bem; e o que não puder fazer bem, deve fazê-lo por meio de seus ministros*".[6] Desta feita, adota-se aqui para a formação do conceito da "democracia acionária" a mobilização, ação e atribuição de funções específicas para o corpo acionário enquan-

---

4 ARISTÓTELES. *A Política*. Domínio Público. Disponível em: <http://www.dominiopublico.gov.br/pesquisa/DetalheObraForm.do?select_action=&co_obra=6486>. Último acesso em: 10 maio 2020.

5 ROUSSEAU, Jean-Jacques. *Do Contrato Social*. 1762. Domínio Público. Disponível em: <http://www.dominiopublico.gov.br/>. Último acesso em: 16 dez. 2019, p. 33.

6 MONTESQUIEU. *O Espírito das Leis*. São Paulo: Martins Fontes, 2000, p. 20 (1ª ed. 1993). Publicação original em 1747.

to órgão social. Trata-se da possibilidade do exercício direto do poder e da delegação de parte dele a uma instância executiva, numa lógica em que tal "parte" se consolida por exclusão.

A quarta premissa trata do caráter procedimental da democracia, enquanto método para composição de interesses e aferição tão precisa quanto possível de uma "vontade" comum, dotada de legitimidade. Este ponto deixa de lado, por um momento, a carga ideológica ou valorativa atribuída ao conceito de democracia e analisa-a no plano da eficiência. É o que propõe KELSEN.[7] Para o autor da *Teoria Pura do Direito*, o método democrático é aquele que adota o princípio da maioria, preservando as expressões minoritárias e, portanto, imprime aos atos de governo maior fidelidade à "vontade popular":

> *Não pode haver dúvida de que um corpo governamental em que todos os grupos políticos estejam representados tem muito mais probabilidades de expressar a vontade popular do que um corpo no qual apenas o grupo majoritário, ou o grupo majoritário e um grupo minoritário, estejam representados.*[8]

Assim, o autor, testemunha ocular dos regimes fascistas e autocráticos, argumenta em favor da democracia, defendendo-a como um regime capaz de melhor equilibrar os vetores criados pelas heterogêneas vontades de setores sociais para o direcionamento adequado das ações de Estado.

O último elemento para a formação do recorte conceitual aqui proposto será absorvido das lições de HABERMAS. O autor alemão estabelece como um dos caminhos para a fundamentação dos direitos subjetivos a "teoria do discurso". Com base nesta linha de pensamento, a liberdade individual proposta pela democracia se manifesta pela "liberdade comunicativa", consistente na possibilidade de se enfrentar as declarações de um adversário e buscar, assim, reconhecimento intersubjetivo para as próprias pretensões de validade. Do princípio do discurso, aliado ao direito a liberdades subjetivas (uma *"forma jurídica"*), resulta uma *"gênese lógica de direitos"*. Assim, é institucionalizado juridicamente o cenário para o exercício discursivo da autonomia política.[9]

---

7 KELSEN, Hans. *A Democracia.* 2ª ed. São Paulo: Martins Fontes, 2000, p. 92. Segundo o autor, ainda, a democracia é o único sistema em que existiria uma força pendular capaz de sempre levar a dialética entre esquerda e direita a uma situação de equilíbrio, o que valeria mais do que os êxitos teoricamente mais céleres de um regime ditatorial (p. 78).

8 *Ibidem*, p. 281.

9 HABERMAS, Jürgen. *Direito e Democracia:* entre a facticidade e a validade. Rio de Janeiro: Tempo Brasileiro, 1997, pp. 155-158.

Da forma jurídica e do princípio do discurso, que combinados forjam a democracia como núcleo de um *"sistema de direitos"*, o autor depreende cinco categorias de direitos fundamentais geradores do próprio código jurídico, ao darem as bases do que se considera o "sujeito de direito". Entre as categorias de direitos, destacamos as seguintes: (i) aqueles resultantes do direito à maior medida possível de iguais liberdades subjetivas de ação, (ii) aqueles resultantes da capacidade postulatória e proteção jurídica individual, e (iii) direitos à participação, em igualdade de oportunidades, nos processos de formação pública de opinião e vontade.[10]

Dessa forma, extrairemos da lição de HABERMAS as ideias do acesso universal dos cidadãos ao sistema decisório (bem como a própria ideia de "sistema" já explicitada por KELSEN), a possibilidade de defesa individual frente ao arbítrio e, principalmente, a faculdade atribuída a todos de concorrer nos processos para composição da vontade. Daremos o nome a estes elementos da democracia, assim como atribuído pelo autor, de "direitos fundamentais".

Em síntese, o recorte do conceito de "democracia", formado pelos elementos produzidos no âmbito de sua teorização como alternativa para a organização social dada pela Teoria do Estado, a ser aplicado para a formação da noção da democracia acionária, seria: "Um método, sistema ou regime de composição de interesses conforme a vontade expressa pelas maiorias, dotado de proteções e garantias fundamentais para todos seus membros e inclusive para as minorias, caracterizado pela participação universal no processo decisório e pelo acesso irrestrito ao poder administrativo, seja direto ou representativo".

Destaque-se que "maiorias" e "minorias" são termos propositadamente expressos no plural por não designarem divisões estanques, mas grupamentos em constantes fusões e cisões conforme os interesses disputados a cada situação concreta. Ainda, a própria qualificação da democracia como "acionária" deve ser interpretada como um fator de diferenciação, e, em alguns pontos, limitação, em relação à democracia política. Um exemplo disso é a possibilidade de coexistência de acionistas de diferentes "classes", que será explorada adiante, a qual não anula uma situação de democracia acionária. Ainda, na seara do Direito Societário, conforme explicado na Seção 2.3 abaixo, o fator numérico não é o parâmetro correto para a identificação de "maiorias" e "minorias".

---

10 HABERMAS, Jürgen. Ob. cit., p. 159.

Resta, assim, esclarecer os motivos pelos quais a democracia acionária, tal como delimitada acima, merece ser objeto de estudo e, mais ainda, um objetivo a ser almejado pelo estudioso do Direito Comercial, pelo legislador e pelos agentes de mercado.

O principal deles decorre da observação da manifestação do regime democrático no plano da Teoria do Estado. Desde o fim da Guerra Fria, verifica-se a preponderância e perenidade do regime democrático na civilização ocidental, constituindo prova de sua capacidade em gerar estabilidade econômica e social, relações internacionais pacíficas e prosperidade[11] por meio de um ambiente de livre-iniciativa à atividade empreendedora. Esta situação demonstra como o arcabouço constitucional dos países ocidentais se refletiu, na prática, numa agenda positiva da produção legislativa em matéria societária. O desafio é compreender em que medida o conceito aplicado ao ambiente empresarial também fomentará organizações privadas longevas, harmônicas e bem-sucedidas. E, assim, aferir se, e em que extensão, "democracia acionária" e "eficiência empresarial" são diretamente proporcionais, e se o ambiente democrático tem o condão de propiciar o desenvolvimento do mercado de capitais.

Outra razão, relacionada com a teoria institucionalista a ser explorada em maior profundidade adiante, diz respeito à melhor composição de interesses entre todas as pessoas (ou grupos de pessoas) envolvidas com, ou afetadas pela, atividade empresarial. Os efeitos da democracia acionária, assim, extrapolariam a esfera da assembleia geral das companhias, incentivando-as a um funcionamento que considerasse o bem-estar e desenvolvimento das comunidades em que se inserem.

Por fim, estão a autonomia e a capacidade do Direito Comercial como ferramenta disciplinadora do poder de controle nas sociedades empresárias, tendo como expressão prática a propositura de modelos de governança capazes de transformar a realidade econômica. A razão do estudo do

---

11 Nesse sentido, ACEMOGLU, Daron; NAIDU, Suresh; RESTREPO, Pascual; e ROBINSON, James A. Democracy Does Cause Growth. *Journal of Political Economy*, v. 127, nº 1 | February 2019. University of Chicago Press Journals. Publicação original em 1° de maio de 2015. Disponível em: <https://economics.mit.edu/files/10759>. Último acesso em: 3 fev. 2019. Por meio de comprovações matemáticas e econométricas, os pesquisadores demonstram que o Produto Interno Bruto costuma aumentar de 20% (vinte por cento) a 25% (vinte e cinco por cento) nos 25 (vinte e cinco) anos seguintes nos países que passam por processos de democratização. Isto seria devido, entre outros fatores, a reformas econômicas mais amplas, maior investimento em educação básica e saúde pública e menores índices de agitação social.

"estado da arte" da democracia acionária está também, então, em sugerir aprimoramento legislativo e da hermenêutica das normas em vigor, inclusive por meio dos organismos de autorregulação do mercado, com vistas a fomentar um ambiente de maior participação e eficiência.

Por tudo isso, pretende-se entender o fenômeno da "democracia acionária", e identificar possíveis reformas legislativas e práticas de autorregulação que poderiam ser levadas a cabo para aperfeiçoar a relação entre acionistas e, consequentemente, a eficiência empresarial.

2.2. Harmonização do conceito de democracia com o ordenamento societário

Delimitado o conceito de "democracia" e explicado o objetivo perseguido pela investigação da aplicação do conceito à disciplina societária, volta-se o estudo para investigar a real possibilidade de utilizá-lo como ferramenta no debate sobre o fomento de estruturas empresariais mais horizontalizadas e eficientes.

Nesse sentido, percebe-se que a harmonização do conceito de democracia com a disciplina privada do Direito Societário não é fruto de uma construção teórica feita a partir de conceitos postos e acabados, mas sim uma decorrência da própria gênese legislativa da organização empresarial, que se encontra no seio da disciplina do Direito do Estado.

Esta percepção se confirma em diversas etapas da evolução do Direito Societário, a começar pelos fundamentos de legitimidade da existência de associações humanas para a organização dos meios de produção e circulação de bens e serviços.

A estrutura das empresas é baseada na propriedade privada, um dos princípios da ordem econômica brasileira, nos termos do art. 170 da Constituição Federal.[12] A legitimidade deste fundamento tem como fonte única o Poder legislativo estatal.[13] Em outras palavras, conforme expresso por Karl MARX e Friedrich ENGELS,[14] o Estado é criado como meio para

---

12 *"Art. 170. A ordem econômica, fundada na valorização do trabalho humano e na livre-iniciativa, tem por fim assegurar a todos existência digna, conforme os ditames da justiça social, observados os seguintes princípios:*
[...]
II – propriedade privada."

13 O que fica evidente pelo rol exaustivo das formas de aquisição da propriedade das pelos Capítulos II e III do Título III do Livro III do Código Civil brasileiro.

14 ENGELS, Friedrich. A Origem da Família, da Propriedade Privada e do Estado. Rio de Janeiro: Vitória, 1960. *In:* DALLARI, Dalmo de Abreu. *Elementos de Teoria Geral do Estado.* São Paulo: Saraiva, 2010.

viabilizar, no âmbito do Direito, a propriedade privada. Segundo os autores de *A Origem da Família, da Propriedade Privada e do Estado*, a origem do Estado tem motivos econômicos. Eles entendem o Estado, quando criado, como a instituição forjada para que "*imprimisse o selo geral do reconhecimento da sociedade às novas formas de aquisição da propriedade, que se desenvolviam umas sobre as outras*".[15] Já para DALLARI, o Estado encontra sua origem e fundamento no poder patriarcal, em atos de violência, na racionalidade econômica da divisão do trabalho ou no desenvolvimento interno e espontâneo da sociedade.[16]

Assim, do ponto de vista marxista, o Estado surge como ferramenta legitimadora da propriedade privada. E a propriedade privada, no ordenamento jurídico pátrio, é um dos princípios da ordem econômica, a qual se funda na livre iniciativa. O corolário de tal encadeamento jurídico e histórico é a existência do Estado como fator de validade e legitimação da livre atividade empresarial com propósito de acumulação de riquezas.

Se o Estado é a instituição social elementar e original, e a empresa é sua consequência lógica e direta, é natural que a organização empresarial reflita traços da conformação estatal, inclusive no que tange aos mecanismos decisórios e de composição de interesses. Assim, se é admissível a democracia no plano estatal, também deveria sê-lo no plano societário.

Apoiado nesta constatação, Herbert WIEDEMANN explica a formação e função do "*ordenamento societário*", o qual, em conjunto com o "ordenamento do patrimônio especial" e o "ordenamento da empresa", comporia o regramento legal societário. O ordenamento societário seria um "pequeno Direito do Estado" ("*kleines Staatrecht*"), uma vez que, em ambos os ramos jurídicos, cuida-se de disciplinar relações de supremacia e subordinação, bem como organizar o poder coletivo e as relações entre os cidadãos; ou, no caso das companhias, dos "cidadãos societários".[17] Uma série de problemas paralelos em ambos os casos se coloca, como a distribuição de competências, estruturação de órgãos executivos e deliberativos, as garantias individuais perante a maioria, as restrições ao direito de voto, entre outros.

---

15 DALLARI, Dalmo de Abreu. *Elementos de Teoria Geral do Estado*. São Paulo: Saraiva, 2010.

16 *Ibidem*, pp. 55 e 56.

17 WIEDEMANN, Herbert. Excerto de *Direito Societário I - Fundamentos*. Tradução de Erasmo Valladão A. e N. França. *Revista de Direito Mercantil, Industrial, Econômico e Financeiro* nº 143. Instituto Brasileiro de Direito Comercial Comparado e Biblioteca Tullio Ascarelli do Departamento de Direito Comercial da Faculdade de Direito da Universidade de São Paulo, pp. 66-75.

A empresa,[18] assim, apoiada no fundamento da propriedade privada e na livre-iniciativa, resulta naturalmente do engenho humano e da persecução da maximização da riqueza individual – desejo e necessidade fomentados pelo sistema capitalista – reproduzindo a estrutura de poder original por definição: o Estado. O Estado, por seu poder legitimador e sua condição soberana, dá origem a organizações humanas com traços semelhantes aos dele. Tais traços significam a concessão às sociedades empresárias do poder de autodeterminação de objetivos e meios para suas consecuções.

Assim, no momento de criação da sociedade empresária, ocorre a outorga a ela de poder análogo ao do Estado, qual seja a liberdade de eleição de fins a perseguir, mediante a alocação de recursos da forma como julgar eficiente, conforme a vontade das pessoas aptas, nos termos de seus atos constitutivos, a tomarem parte em suas decisões. O mesmo Estado que concede à empresa "personalidade jurídica" e, por conseguinte, admite que ela seja sujeito de direitos e deveres e até permite que ela expresse vontade, é quem disciplina como ela deve surgir, se organizar, se manifestar e se extinguir.

Nesse sentido, explica REALE, todo o percurso existencial da pessoa jurídica, desde o registro público de seus atosconstitutivos até o registro de seus atos dissolutivos,[19] como entidade histórico-cultural, vive no Direito e em função dos fins por ele protegidos.[20]

---

18 Palavra empregada conforme o sentido a ela atribuído pelo art. 966 do Código Civil de 2002: "*Atividade econômica organizada para a produção ou a circulação de bens ou de serviços*". Conforme explica ASCARELLI (*RDM* 132, 203/215), ao analisar dispositivo similar do Código Civil italiano, a menção ao caráter "econômico" "*faz referência à uma atividade criadora de riqueza e, por isso, de bens (art. 810 do Código Civil) ou ainda, como resulta do mesmo artigo, de serviços patrimonialmente avaliáveis (e v. tb. Art. 1.174, CC). Também estes, embora não constituindo coisas, constituem "riquezas", porque vem comparativamente aumentando de importância, na economia, na prestação de serviços, sempre mais numerosos*".

19 Os marcos existenciais das pessoas jurídicas são estabelecidos, no Brasil, pelo Código Civil de 2002: "*Art. 45. Começa a existência legal das pessoas jurídicas de direito privado com a inscrição do ato constitutivo no respectivo registro, precedida, quando necessário, de autorização ou aprovação do Poder Executivo, averbando-se no registro todas as alterações por que passar o ato constitutivo*"; e "*Art. 51. Nos casos de dissolução da pessoa jurídica ou cassada a autorização para seu funcionamento, ela subsistirá para os fins de liquidação, até que esta se conclua. § 1º Far-se-á, no registro onde a pessoa jurídica estiver inscrita, a averbação de sua dissolução. § 2º As disposições para a liquidação das sociedades aplicam-se, no que couber, às demais pessoas jurídicas de direito privado. § 3º Encerrada a liquidação, promover-se-á o cancelamento da inscrição da pessoa jurídica*".

20 REALE completa seu magistério a respeito do tema estabelecendo os pressupostos da existência das pessoas jurídicas: "*A boa fé e por fim a satisfação de reais interesses privados e coletivos*". REALE, Miguel. *Lições Preliminares de Direito.* 27ª ed. São Paulo: Saraiva, 2002, p. 247

O primeiro passo, então, para se entender a assunção pelas sociedades empresárias de formatos parecidos com o do Estado é explorar o processo de outorga da personalidade jurídica.

Na visão de CUNHA, a outorga de personalidade jurídica aos entes coletivos pelo Estado decorre da noção de soberania. A partir desta noção, advieram princípios constitucionais que justificaram o Estado e sobre os quais se alicerçou o sistema jurídico interno. Então, com base em tais princípios, na seara do Direito Civil, atribuiu-se capacidade jurídica à pessoa natural e estendeu-se o instituto da "personalidade" jurídica às organizações humanas.[21]

Ao determinar previamente as formas sob as quais a sociedade empresária se constitui, o Estado almeja dar estabilidade ao sistema capitalista, facilita a fiscalização e a tributação e ainda consegue delimitar os fins a serem perseguidos e as funções a serem desempenhadas no exercício da atividade econômica.[22] Conhecedor destas funções, o Estado permite que se criem sociedades empresárias como verdadeiros "Microestados", autônomos embora não soberanos, determinando de antemão suas estruturas e procedimentos deliberativos, possibilitando criar em relação a elas previsibilidade e, muitas vezes, uma cooperação forçada.

Assim, passo necessário para avaliar a existência da democracia acionária é percorrer a própria história das companhias e verificar em quais situações e sobre quais aspectos da dinâmica societária elas reproduzem mecanismos decisórios próprios do Estado.

Algumas etapas são necessárias ao longo desta trajetória. A primeira é a análise das companhias tidas como as primeiras "*sociedades anônimas*" com características modernas,[23] em especial daquelas esta-

---

21 CUNHA, Rodrigo Ferraz Pimenta da. *Estrutura de Interesses nas Sociedades Anônimas:* Hierarquia e Conflitos. São Paulo: Quartier Latin, 2007, p. 107.

22 Exemplo inevitável é a "função social" da empresa, decorrente da "função social da propriedade", estabelecida pelo art. 170, III, da Constituição Federal como fundamento da ordem econômica, e da "função social do contrato", limite à liberdade contratual determinado pelo art. 421 do Código Civil.

23 Elementarmente, as características descritas pelo art. 1º da Lei das Sociedades por Ações: "*Art. 1º A companhia ou sociedade anônima terá o capital dividido em ações, e a responsabilidade dos sócios ou acionistas será limitada ao preço de emissão das ações subscritas ou adquiridas*".

belecidas por determinação dos Estados Nacionais da Idade Moderna, voltadas para as Grandes Navegações.

A Companhia das Índias Orientais, fundada em 20 de março de 1602, nos Países Baixos, é considerada a grande precursora das atuais sociedades por ações. Sua constituição se deu por iniciativa e autorização da Coroa local, que via a conquista das rotas comerciais da Ásia como um objetivo ousado, o qual demandava a reunião, numa mesma organização, de empreendedores dispostos a tomar os riscos inerentes a esta jornada e de capitais advindos da poupança popular, minimizando o risco corrido pelo Estado holandês com a empreitada. Para tanto, conforme lecionam LAMY FILHO e BULHÕES PEDREIRA, a Companhia das Índias Orientais foi investida dos seguintes poderes e prerrogativas *de Estado*: (i) fazer a guerra e firmar tratados com príncipes estrangeiros, (ii) concluir alianças, e (iii) cunhar moeda. Não só os Países Baixos, mas diversos outros países europeus que constituíram, por permissões-régias, companhias mercantis com fins de viabilizar a colonização de territórios ultramarinos, utilizaram a expressão "*Estado dentro do Estado*" para dimensionar tais companhias.[24] Esta caracterização comprova a hipótese em comento. Desde o início das primeiras sociedades empresárias, elas foram criadas como sendo e para serem estruturas assemelhadas ao Estado, o que garantiria que fossem passíveis de supervisão e previsibilidade pelo próprio Estado.

LEÃES faz a mesma análise a respeito da evolução histórica das companhias. Para o eminente jurista, as feições inicialmente oligárquicas das sociedades anônimas eram reflexo do regime político dominante na época de suas criações.[25] O autor vai além, e afirma que este fenômeno se repetirá em todas as épocas e países, e expõe com clareza os motivos para este posicionamento:

> *Inúmeros são os estudos que têm sublinhado a influência da constituição estatal na estruturação da figura societária em exame. E as razões são óbvias: os instrumentos jurídicos são o produto de uma legislação que surge, de maneira mais ou menos explícita e unitária, de uma concepção do mundo e da vida, vigorante em determinado momento do processo histórico em que a experiência jurídica se insere. A essa cosmovisão, que traduz o clima cultural da época, não poderia, por suposto, ficar alheio o conceito de poder, que é também um fenômeno historicamente condicionado, em todas as suas manifestações.*[26]

---

24 LAMY FILHO, Alfredo (em coautoria com BULHÕES PEDREIRA, José Luiz). *Notas sobre a História das Companhias. In:* A Lei das S/A. 3ª ed., Rio de Janeiro: Renovar, 1997, 1º v., p. 33.

25 LEÃES, Luiz Gastão Paes de Barros. *Do Direito do Acionista ao Dividendo.* São Paulo: Obelisco, 1969, p. 256.

26 *Ibidem.* pp. 257 e 258.

Prossegue o doutrinador exemplificando esta influência por meio da formação de sociedades anônimas baseadas no sistema democrático após a Revolução Francesa, ou, mais precisamente, "à imagem e semelhança do Estado liberal burguês", com o fortalecimento da assembleia geral, tradutora no ambiente acionário da vontade popular então prestigiada no cenário político.[27-28]

Mais adiante, a Idade Contemporânea também deu mostras do reflexo dos traços estatais na legislação societária, o que se evidencia de maneira mais patente no período de maior extremismo político e social: o regime nazista. É o que se verá na Seção 2.2.1 abaixo, que trata das profundas transformações políticas e econômicas sofridas pela Alemanha ao longo do século XX, tendo como ponto de referência a ascensão do nazismo, cuja influência sobre o Direito Societário é muitas vezes ofuscada pelos eventos da Segunda Guerra Mundial.

Voltando-se as atenções para a atualidade, pode-se encontrar outros exemplos práticos acerca da semelhança entre os procedimentos estatal e societário para a composição de interesses. Tome-se, por exemplo, a descrição dada por BOBBIO para o estabelecimento dos governos na República Italiana.[29] O autor explica a formação do governo italiano como resultado de uma série de atos unilaterais, típicos de uma "*relação de domínio*". Estes atos ocorreriam na seguinte ordem: o Presidente da República, eleito pelo Parlamento,[30] nomeia o presidente do conselho de ministros (ou "Primeiro Ministro"), o qual, por sua vez, indica os ministros integrantes do governo e propõe a nomeação deles ao Presidente da República.[31] Assim, o governo assume o poder

---

27 LEÃES, Luiz Gastão Paes de Barros. Ob. cit., pp. 257 e 258.

28 Roberto Goldschmidt também traça o paralelo entre a conformação estatal e a das grandes companhias. GOLDSCHMIDT, Roberto. *Problemas Juridicos de la Sociedad Anonima*. Buenos Aires: Depalma, 1946. Especificamente, trata do assunto o apêndice "*Las Ideas Políticas y La Sociedad Anonima*".

29 BOBBIO, Norberto. *O Futuro da Democracia:* uma defesa das regras do jogo. Turim: Giulio Einaudi Editore S.P.A., 1984. Tradução e publicação no Brasil: Editora Paz e Terra, Rio de Janeiro, 1986, pp. 135-136.

30 Art. 83 da Constituição da República Italiana: "*O Presidente da República é eleito pelo Parlamento em sessão comum dos seus membros* [...]"

31 Art. 92 da Constituição da República Italiana: "*O Governo da República é composto pelo Presidente do Conselho e pelos Ministros que, juntos, constituem o Conselho de Ministros. O Presidente da República elege o Presidente do Conselho de Ministros e, por proposta do mesmo, os Ministros*". Art. 93: "*O Presidente do Conselho de Ministros e os Ministros, antes de assumirem as funções, prestam juramento nas mãos do Presidente da República*".

quando as duas câmaras parlamentares lhe concedem a confiança, e é destituído quando a revogam.[32] Todo o processo, evidentemente, corre com base na Constituição italiana.[33]

Segundo a legislação societária pátria, a Assembleia Geral (que tem função legislativa, tal como um parlamento, com competência privativa para, por exemplo, alterar o estatuto social) elege o Conselho de Administração[34] (órgão sem poder executivo, responsável pela elaboração de diretrizes e representação "institucional" da companhia, tal como o Presidente da República italiana), o qual, por sua vez, indica os diretores, que representam a companhia em seus atos perante terceiros, em sua função executiva. É papel análogo ao do conselho de ministros, ou de seu presidente. Todo este procedimento (societário), a seu turno, segue os ditames do "*corporate charter*", como colocado por CIEPLEY abaixo, ou seja, da "constituição" em que verdadeiramente se consubstancia o estatuto social. E, tal como a civilização ocidental evoluiu da democracia direta de Clístenes para a democracia representativa, as organizações empresariais mais complexas da atualidade também passaram a ser dirigidas, em última análise, por mandatários eleitos. Trata-se do controle administrativo das sociedades anônimas,[35] objeto de uma Seção específica adiante, costumeiramente atrelado às "*proxy fights*" (ou

32 Art. 94 da Constituição da República Italiana: "*O Governo deve ter a confiança das duas Câmaras. Cada uma das Câmaras acorda ou revoga a confiança mediante moção motivada e votada por apelo nominal. No prazo de dez dias da sua formação o Governo apresenta-se às Câmaras para obter a confiança. O voto contrário de uma ou de ambas as Câmaras por proposta do Governo não implica a obrigação de demissões. A moção de desconfiança deve ser assinada por, pelo menos, um décimo dos membros da Câmara e não pode ser posta em discussão antes de três dias da sua apresentação*".

33 Disponível em: <https://www.senato.it/application/xmanager/projects/leg18/file/repository/relazioni/ libreria/novita/XVII/COST_PORTOGHESE.pdf/>. Último acesso em: 26 dez. 2018.

34 Art. 122, II, da Lei das Sociedades por Ações.

35 Terminologia empregada por COMPARATO e SALOMÃO FILHO, com base nos estudos de Berle e Means: "*O último tipo de controle, na classificação de Berle e Means, é o administrativo ou gerencial* (management control)*, isto é, aquele não fundado na participação acionária mas unicamente nas prerrogativas diretoriais. É o controle interno totalmente desligado da titularidade das ações em que se divide o capital social. Dada a extrema dispersão acionária, os administradores assumem o controle empresarial* de facto, *transformando-se num órgão social que se autoperpetua por cooptação*". *In:* COMPARATO, Fábio Konder; SALOMÃO FILHO, Calixto. *O Poder de Controle na Sociedade Anônima*. 5ª ed. São Paulo: Forense, 2005, p. 71.

"luta por procurações"). Investigar-se-á, em tal Seção, o funcionamento de companhias controladas pela via administrativa, e se isso constitui uma ameaça à democracia acionária.

Autores brasileiros também aproximam a regência dos sistemas de governo da disciplina societária. COMPARATO concorda com opinião expressa acima, asseverando que o capitalismo liberal concebeu a sociedade anônima em moldes análogos à Constituição de um Estado Democrático, propositadamente de forma a estar em sintonia com o dogma da Revolução Francesa de que "*todo o poder emana do povo, e em seu nome é exercido*", consagrado inclusive por diferentes Constituições brasileiras.[36] O princípio estaria traduzido para o ordenamento societário como "*todo poder emana dos acionistas, e em seus nomes é exercido*". Nesta concepção, os administradores, tais como os ministros de Estado, são simples mandatários, nomeados pelos acionistas e demissíveis *ad nutum*. Não possuem poderes próprios, mas agem sempre em nome e por conta dos acionistas e respondem perante estes.[37] Nesse sentido, temos o Código Comercial brasileiro de 1850, o qual seguiu a mesma linha do Código de Napoleão de 1807, prevendo que as companhias seriam "*administradas por mandatários revogáveis, sócios ou não sócios*" (art. 295).[38]

A origem desta aproximação entre o estatuto da moderna sociedade anônima e a Constituição da sociedade política, explica COMPARATO, deu-se no início do Século XIX ainda, no combate dos franceses iluministas e dos americanos independentistas às antigas companhias regalistas, mencionadas anteriormente, que dependiam da autorização do

---

36 Em seu art. 1º, a Constituição Federal de 1946 estabelecia que "*todo o poder emana do povo, e em seu nome é exercido*" Igual redação tinha o § 1º do art. 1º da Constituição Federal de 1967, a qual permaneceu inalterada após a Emenda Constitucional nº 1, de 17 de outubro de 1969. Já a Constituição Federal de 1988, em seu art. 1º, parágrafo único, manteve a ideia do povo como fonte do poder, mas o fez optando por explicitar o caráter representativo do exercício do poder: "*Parágrafo único. Todo o poder emana do povo, que o exerce por meio de representantes eleitos ou diretamente, nos termos desta Constituição*".

37 COMPARATO, Fábio Konder. *Aspectos Jurídicos da Macroempresa.* São Paulo: Revista dos Tribunais, 1970, p. 13.

38 Art. 295 do Código Comercial brasileiro de 1850: "*As companhias ou sociedades anônimas, designadas pelo objeto ou empresa a que se destinam, sem firma social, e administradas por mandatários revogáveis, sócios ou não sócios, só podem estabelecer-se por tempo determinado, e com autorização do Governo, dependente da aprovação do Corpo Legislativo quando hajam de gozar de algum privilégio: e devem provar-se por escritura pública, ou pelos seus estatutos, e pelo ato do Poder que as houver autorizado*".

Estado para funcionar. Nos Estados Unidos da América, a Convenção da Filadélfia de 1787 rejeitou a concessão de poder à União para autorizar o funcionamento das companhias e, na França, o estatuto de Napoleão previa que a "*vontade social dependia sempre das vontades individuais dos acionistas, em número ilimitado*".[39]

Para outros autores, contudo, foi o Direito Societário que deu forma ao Estado-Nação tal como organizado atualmente. Analisando-se o caso da democracia estadunidense, a principal e mais longeva democracia moderna, percebe-se que as corporações hodiernas retribuíram a influência organizacional recebida originalmente do Estado, lançando as bases das democracias constitucionais atualmente existentes. Conforme sustenta CIEPLEY, o constitucionalismo estadunidense inovou ao romper com a teoria do "contrato social" de John Locke, segundo a qual o povo teoricamente firmaria um acordo com o soberano, trocando parte de sua liberdade por segurança e união. Na visão do autor, o próprio Povo, enquanto ente soberano, promulgou um estatuto (a Constituição escrita, ou, nas palavras de CIEPLEY, "*charter*"), a qual estabeleceu um governo com personalidade jurídica e poderes determinados. Ao Povo ficou reservado o direito de aditar este estatuto.[40] A este processo se assemelharia bastante o de criação de uma sociedade empresária, em que os acionistas, dos quais emana o poder societário, estabelecem por entendimento comum um estatuto e criam um organismo de existência independente, com capacidade jurídica própria, no âmago do qual as figuras individuais de diretores e conselheiros são menos relevantes do que as funções a eles delegadas pelo estatuto.

No caso estadunidense, conforme estuda CIEPLEY, o paralelo entre a criação da União e das corporações não foi fruto do acaso. As próprias colônias que deram origem ao país constituíam estruturas empresariais ("*corporations*"), como a Virginia Company e Massachusetts Bay Company. A diferença residia na titularidade do poder soberano constituinte, o qual, no caso destas, cabia à Coroa Britânica, e não ao povo local.[41] Para CIEPLEY, as Constituições de repúblicas mais simples mimetizariam as relações internas das corporações, representando to-

39 COMPARATO. Ob. cit., p. 14.

40 CIEPLEY, David A. Is the U.S. Government a Corporation? The Corporate Origins of Modern Constitutionalism. 23 de setembro de 2016. *American Political Science Review*, Forthcoming. <https://ssrn.com/abstract=2842920>. Acesso em: 24 nov. 2018., p. 4.

41 CIEPLEY, David A. Ob. cit., p. 5.

dos os seus membros. O constitucionalismo estadunidense, por sua vez, derivaria das relações externas entre soberano e corporação. O Povo soberano se coloca fora do governo, mantendo consigo a plena soberania exercida por meio de seu estatuto ou Constituição, numa fórmula capaz de conciliar legitimidade e limitação do poder. Assim, estaria criada a justificativa para vincular os futuros membros do Povo, ente exclusiva e legalmente competente para alterar o estatuto,[42] no que se aproxima novamente de um corpo acionário. Acionistas ingressantes numa companhia igualmente se submetem ao estatuto social aprovado pelos antigos sócios, aceitando tacitamente os mecanismos de alteração deste estatuto nele mesmo previstos. A conclusão do autor é a de que o governo dos Estados Unidos da América seria um Estado soberano em relação a outros Estados, mas uma corporação em relação ao seu Povo.[43]

Por fim, a lição de Melvin EISENBERG é ainda mais taxativa a este respeito. Para o jurista, o Direito Societário *é* Direito Constitucional, visto que sua função primordial é regular a forma como as entidades empresariais se constituem, definir direitos e obrigações de seus participantes e delimitar poderes da organização perante terceiros.[44]

Constatado este paralelo, fica ainda mais nítida a proximidade entre os sistemas estatal e societário, e, assim, a possibilidade de se admitir o conceito de democracia acionária. Por outro lado, tal paralelo demanda cuidado, uma vez que não se pode entender o Estado como uma "suprassociedade" de sujeitos de direito privado. Principalmente porque não tem o Estado uma orientação finalística, ou um "objeto social" a perseguir, tal como as companhias. Recuperando a conclusão de WIEDEMANN, acima mencionado, é possível a transplantação de princípios do Direito Constitucional ao Direito Societário, desde que especialmente fundamentada.[45]

---

42 CIEPLEY, David A. Ob. cit., p. 17. Na legislação societária atualmente em vigor no Estado de Delaware, Estados Unidos da América, é exigida a aprovação dos diretores para a alteração dos atos constitutivos das sociedades anônimas (§ 242 da *Delaware General Corporation Law*), assim como para outras matérias reservadas aos acionistas sob leis de outros Estados e países. Esta regra reflete uma evolução no pensamento retratado por CIEPLEY, evidenciando que não apenas podem os acionistas "contratar" administradores, mas também pode ocorrer o caminho inverso – administradores "contratam" acionistas como fonte de financiamento para desenvolverem atividade empresária na qual são especializados. Trata-se, indiretamente, de mais uma forma de fortalecer o sistema de freios e contrapesos na sociedade anônima, estudado adiante.

43 *Ibidem*, p. 49.

44 EISENBERG, Melvin A. The Structure of the Corporation: a Legal Analysis. Boston and Toronto: Little, Brown and Company, 1976. P. 1.

45 WIEDEMANN, Herbert. Ob. cit., pp. 68-69.

Analisadas as conexões entre a origem e racionalidade do Direito do Estado, no que se refere aos seus mecanismos de composição de interesses e proteção de minorias, e o Direito Societário, e constatado que tais conexões permitem ao pesquisador comercialista aplicar o conceito de democracia à esfera empresarial, uma questão importante permanece em aberto. Seriam tais paralelos e entroncamentos jurídicos suficientes para transplantar a democracia para o interior das sociedades empresárias?

A resposta natural seria negativa. A existência de democracias estatais, no plano jurídico por si só, não seria capaz de gerar sociedades empresárias democráticas, de tal sorte que a verificação empírica de organizações democráticas no âmbito de Estados democráticos ficaria comprometida. Restaria prejudicada, assim, a própria possibilidade de compatibilização do conceito de democracia com o ordenamento societário.

O elemento faltante para garantir alguma coerência entre as formas de organização estatal e empresarial é a *ideologia*, por uma simples razão. A conformação estatal é resultado de concepções morais e ideológicas, haja vista o absolutismo monárquico baseado no direito divino dos reis,[46] ou a democracia americana fruto do Pacto do *Mayflower*.[47] Da mesma

46 A doutrina do direito divino dos reis estava inserida na teoria da soberania absoluta do rei, a qual foi sistematizada inicialmente na França, no século XVI, tendo como um dos seus mais destacados teóricos Jean Bodin, que sustentava ser a soberania do rei originária, ilimitada, absoluta, perpétua e irresponsável em face de qualquer outro poder temporal ou espiritual. Os monarcas acreditavam-se representantes de D'us na ordem temporal, e na sua pessoa se concentravam todos os poderes. O poder de soberania era o poder pessoal do rei e não admitia limitações. Os reis absolutistas franceses utilizaram-se desta doutrina, apoiados nos escritos de Richelieu, Fénelon, Bossuet e outros, levando o absolutismo às suas últimas consequências, identificando na pessoa sagrada do rei o próprio Estado, a soberania e a lei. *In:* MALUF, Sahid. *Teoria Geral do Estado*. Atualizador Prof. Miguel Alfredo Malufe Neto. 34ª ed. São Paulo: Saraiva Educação, 2018, pp. 38-39.

47 Trata-se do pacto celebrado entre os homens a bordo do navio *Mayflower*, antes do desembarque de puritanos ingleses na colônia de Plymouth, futuramente território dos Estados Unidos da América. Segundo pesquisadores, o documento representa a primeira expressão escrita de um pacto social na direção das liberdades econômicas, políticas e civis no Novo Mundo. A única cópia manuscrita dele restante estava na posse de William Bradford (Governador da Colônia de Plymouth entre 1621 e 1657). O documento é considerado um dos mais importantes da história constitucional estadunidense, por demonstrar a intenção de criação de um governo de proteção e respeito mútuos, independente e sem diferenciações baseadas em riqueza ou classes. *In:* SANCHES, Ana Maria Brito. *A Noção de Direitos no Pensamento Político da América Britânica*. Tese de Doutorado apresentada na Faculdade de Filosofia, Letras e Ciências Humanas da Universidade de São Paulo. Orientador: Prof. Rolf Kuntz, p. 60.

forma como o aspecto ideológico influencia as organizações de grande escala, o fará em relação às organizações humanas de menor escala, como as sociedades empresárias.

Na visão de PARGENDLER, o nacionalismo (econômico), como traço ideológico, influencia de forma clara o Direito Societário e a disciplina legal do controle acionário, devido a três fatores principais: (i) o "déficit" político e representativo de estrangeiros (haja vista que só cidadãos votam em seus respectivos países); (ii) as alianças poderosas entre forças domésticas; e (iii) o uso do Direito Societário como uma ferramenta de nacionalismo oculto.[48] O último fator se dá pela possibilidade de o Direito Societário estabelecer regras que dificultam o controle de companhias por estrangeiros sem o confronto direto a princípios constitucionais de reciprocidade e outros que regem relações internacionais. Assim, o Direito Societário, impregnado da ideologia nacionalista, age para manter os centros decisórios corporativos dentro das fronteiras nacionais, permitir a coordenação entre grupos econômicos conhecedores e compartilhadores de mesma cultura e facilitar a simbiose entre poder político e poder econômico, pela qual o primeiro oferece privilégios e, o segundo, lealdade e sustentação financeira e eleitoral.[49]

O fortalecimento das ideologias nacionalistas, conforme a própria autora, exerce uma força contrária à globalização e consequente tendência de convergência do Direito Societário vigente em cada país capitalista, explorada na Seção 2.3 abaixo.[50]

O reflexo ideológico e nacionalista é o que se estuda, em termos práticos, na seção dedicada ao estudo da legislação societária editada durante o regime nazista, bem como no capítulo dedicado ao estudo da Lei das Sociedades por Ações. Especialmente no primeiro caso, a ideologia que embasou a ascensão de um regime ditatorial coincidentemente deu suporte a leis comerciais que criaram empresas de administração altamente centralizadas e com direitos mínimos reservados ao corpo acionário. O oposto se observa hodiernamente. Países democráticos, como os Estados Unidos da América, são o berço de legislações societárias mais inclusivas, protetivas aos acionistas minoritários e com instrumentos de controle da administração.

---

48 PARGENDLER, Mariana. The Grip of Nationalism on Corporate Law. *ECGI Working Paper Series in Law*. Working Paper nº 437. Janeiro de 2019. Disponível em: <https://papers.ssrn.com/sol3/papers.cfm?abstract_id=3144451>. Último acesso : 10 maio 2020, p. 3. A autora foi laureada com o prêmio "*2020 Cleary Gottlieb Steen & Hamilton Prize for the Best Paper in the ECGI Law Working Paper Series*" pelo artigo mencionado.

49 *Ibidem*, p. 40.

50 *Ibidem*, p. 1.

O nazismo, acima mencionado, foi um regime totalitário. Segundo TAYLOR, o totalitarismo é caracterizado pela coincidência do autoritarismo (em que os cidadãos comuns não têm participação significativa na tomada de decisão do Estado) e da ideologia (um esquema generalizado de valores promulgado por meios institucionais para orientar a maioria dos aspectos da vida pública e privada).[51] Benito MUSSOLINI (1883-1945), líder fascista italiano contemporâneo a Hitler, ilustrou esta ideia com uma simples expressão: "*Tudo no Estado, nada contra o Estado, nada fora do Estado*".[52]

Com a coincidência entre autoritarismo e ideologia vivida na Alemanha, a manifestação dos padrões culturais impostos pelo Estado no Direito Comercial foi inevitável.

NORTH afirma que teorias econômicas, erroneamente, tendem a negligenciar o elemento ideológico:

> *As diversas teorias econômicas sobre a legislação têm em comum a rejeição da ideologia como um fator significativo no processo político. Elas pressupõem que a ideologia, definida simplesmente como crenças individuais sobre o interesse público, não influencia eleitores nem legisladores. O coração da abordagem econômica é a admissão de que o interesse próprio é o agente causal exclusivo no processo político. (Isto pode parecer uma perspectiva cínica, mas de algumas formas pode realmente ser indevidamente otimista, porque ignora o lado obscuro da ideologia, conforme exemplificado pelos nazistas e outros grupos de ódio. Existem forças piores na psique humana do que a cobiça).*[53]

A ideologia, por sua vez, molda a cultura, num sistema de retroalimentação em que ideologia, cultura e Direito criam e modificam um ao outro de forma cíclica.[54]

---

51 TAYLOR, C.C.W. "Plato's Totalitarianism." *Polis* 5 (1986): 4-29. Reprinted in *Plato 2: Ethics, Politics, Religion, and the Soul*, ed. Gail Fine. Oxford: Oxford University Press, 1999, p. 280-296.

52 Frase dita num discurso proferido na Câmara dos Deputados da República italiana, no dia 26 de maio de 1927.

53 Tradução livre. No original: "*The various economic theories of legislation have in common their rejection of ideology as a significant factor in political process. They assume that ideology, defined simply as individual beliefs about the public interest influences neither voters nor legislators. The heart of the economic approach is the assumption that self-interest is the exclusive causal agent in politics. (This may seem a cynical perspective, but in some ways it may actually be unduly optimistic, because it ignores the dark side of ideology as exemplified by the Nazis and other hate groups. There are worse forces in the human psyche than greed)*". *In:* NORTH, Douglass. *Structure and Change in Economic History*. WW Norton & Company, 1981.

54 Nesse sentido, faz-se referência à citação de LEÃES (1969), na Seção 2.2 acima.

Para ROE, cultura é um misto de diferentes traços.[55] A cultura pode mudar conforme as estruturas societárias mudam, com exceção de certos traços culturais que, de tão arraigados em determinada população, tornam-se praticamente inamovíveis. Assim, a cultura influencia as estruturas empresariais, e vice-versa.

O Estado Totalitário objetivava tutelar todo e qualquer aspecto das relações comerciais privadas, garantindo para si a possibilidade de intervenção nas empresas e criando uma rígida burocracia. As grandes corporações passam a ter organização de poder semelhante à existente na esfera estatal, por um modelo de governança imposto pelo próprio Estado, e a perseguir os objetivos ditos "públicos" ou "coletivos", mais do que os de seus acionistas.

Os problemas da expansão do poder burocrático do Estado e as consequências políticas deste processo preocuparam o sociólogo alemão Max WEBER (1864-1920), segundo a leitura de ROCHA. Conforme o sociólogo, há uma antinomia insolúvel: ao mesmo tempo que a moderna burocracia traz eficiência, ela pode minar a sociedade liberal, destruindo as próprias premissas sociais das quais depende a conduta individual. Um dos perigos reside na tendência apresentada pela burocracia de inibir o surgimento de novas lideranças.[56]

Conforme aponta ROCHA, no Estado intervencionista do século XX, como o Estado Nazista, Poderes Executivos extremamente fortalecidos e burocracias agigantadas ampliaram assustadoramente não somente o seu "*poder discricionário*", mas também seu "*poder normativo*"; no lugar do "*Estado legislativo*", entra em cena o "*Estado administrativo*", no qual não há mais espaço para o monopólio da produção da lei - em sentido material - pelo Parlamento.

É no sistema financeiro do Estado administrativo que o poder da burocracia se manifesta com mais veemência, principalmente se a autoridade reguladora tem autonomia formal, ou seja, determinada por lei. No entanto, mesmo quando esta inexiste, pode haver a *autonomia de fato*, já que a complexidade técnica de suas atribuições inviabi-

---

55 ROE, Mark J. Can Culture Constrain the Economic Model of Corporate Law? Harvard Law School, *Public Law Research Paper* nº 36; *Harvard Law and Economics Discussion Paper* nº 381, 2002. Disponível: em <http://ssrn.com/abstract=320882>. Último acesso em: 24 fev. 2020, p. 1296 da versão disponível nesta página.

56 ROCHA, Jean Paul C. Veiga da. Regulação financeira, Direito e democracia. *In*: *Regulação, Direito e Democracia* (org. José Eduardo Faria). São Paulo: Fundação Perseu Abramo, 2002, pp. 27-42.

liza um controle absoluto das lideranças políticas sobre a burocracia. A relação íntima e necessária entre o manejo dos instrumentos de regulação financeira e as políticas monetária e fiscal, com consequências diretas nas políticas sociais, além de óbvia, ressalta o caráter político da atuação da burocracia econômica.

Não se trata, porém, de mudança meramente quantitativa, mas qualitativa. A burocracia econômica deixa de ser mera *executora* de políticas, transformando-se oficialmente em *formuladora* delas. Todavia, sua crescente importância política não vem acompanhada de mecanismos de responsabilidade ("*accountability*") adequados. Uma das razões para tanto é inerente à missão da autoridade monetária: o sigilo como condição da estabilidade do sistema financeiro. A racionalidade instrumental subjuga, muitas vezes, a exigência de publicidade, princípio basilar do modelo liberal-democrático de Direito.

Para ARENDT, o poder político não é um potencial para a imposição de interesses próprios ou a realização de fins coletivos, nem um poder administrativo capaz de tomar decisões obrigatórias coletivamente; ele é, ao invés disso, uma força *autorizadora* que se manifesta na criação do direito legítimo e na fundação de instituições.[57] Ele se expressa em ordens que protegem a liberdade política, na oposição às repressões que ameaçam a liberdade política a partir de dentro ou de fora, principalmente nos atos instauradores de liberdade "*que dão vida a novas instituições e leis*".

Assim, ainda que os parâmetros democráticos sejam preservados no plano constitucional de Estados ditatoriais, para conferir aparência de democracia e legalidade ao regime, são as leis comerciais (sem exclusão das penais) que demandam exame mais detido. É por meio do exame da legislação que rege as relações comerciais corriqueiras que se pode depreender o verdadeiro caráter de um regime político.

Em conclusão, é oportuna a reflexão de FARIA a respeito da harmonização e efetivação dos princípios constitucionais da ordem econômica:

> *A harmonização dos valores e princípios constitucionais da ordem econômica não deve ser possível apenas por meio de recursos retóricos, o que acarretaria "a um só tempo a consagração formal dos mais variados direitos e o não cumprimento de muitos deles na prática; os antagonismos podem*

57 ARENDT, Hannah. *Macht und Gewalt*. Munique, 1970.

então ser vistos como sempre provisórios, pois seriam sempre passíveis de uma decisão 'técnica'".[58]

Não seria exagero, assim, afirmar que a existência de um claro paralelo (ou de um vértice comum) entre a organização política e a organização empresarial, notadamente nas corporações estruturadas de forma mais complexa, a qual permite ao acadêmico comercialista empreender a harmonização conceitual necessária para admitir a viabilidade da expressão "democracia acionária".

Para finalizar a comprovação da hipótese em comento, estuda-se a seguir a Lei Societária alemã de 1937, produto das transformações legislativas provocadas pela ascensão do regime nazista. Tal diploma legal demonstra de forma clara a coordenação entre conjuntura política e regramento societário, e representa a antítese do conceito de democracia acima delimitado para os fins da persecução de uma situação de democracia acionária.

2.2.1. *A Lei Societária alemã de 1937*

Faz-se a seguir uma incursão num dos textos legislativos de matéria societária mais emblemáticos para o tema do presente trabalho, o qual demonstra a influência da conformação política sobre a organização empresarial e o absoluto contrário à proposta de "democracia acionária". A Lei Societária alemã de 1937 (*Aktiengesetz*), editada no apogeu do regime nazista, provavelmente o retrato mais contundente do totalitarismo da Idade Contemporânea, é marcada por evidente contraste com as leis societárias vigentes em países democráticos. Assim, aqui, utilizar-se-á como ferramenta para a formação do conceito de democracia acionária o estudo de seu oposto ideal, explicado, evidentemente, o contexto histórico no qual tal oposto foi forjado.

A incursão aqui proposta, apesar de profunda, não se pretende exaustiva, uma vez que o mero estudo de algumas disposições da Lei Societária não será capaz de capturar todo o regramento societário do contexto nazista. Por um motivo bastante lógico. A intenção dos regimes não democráticos em controlar cada aspecto da atividade empresarial gera uma necessidade de produção de novas normas em cadeia. Isto é, quanto mais regulado e inflexível se tornam a organização e o funcionamento empresariais, maior o número de novos aspectos que precisam ser novamente revisitados por legislação posterior para a

58 FARIA, José Eduardo. *Direito e Economia na democratização brasileira*. São Paulo: Malheiros, 1993, p. 78.

colmatação de lacunas e regulamentação de novos temas involuntariamente deixados a critério dos empresários e empreendedores. Tal cenário gera uma tendência de inflação legislativa, minando o poder criativo e produtivo das companhias.

Recuperando o cenário histórico para o estudo legislativo pretendido, havia pouca razão para que qualquer um na Alemanha se preocupasse com a publicação do livro *Mein Kampf* (*Minha Luta*, em tradução livre), de autoria de Adolf Hitler (1889-1945),[59] como possível incitação ao ódio contra os judeus e outras etnias ou "raças"[60] consideradas inferiores no verão de 1925. A República de Weimar completava meia década de existência, lentamente estabelecendo um regime parlamentar democrático. As pressões econômicas da reconstrução e do pagamento de reparações devido à derrota na Primeira Guerra Mundial vinham diminuindo ano a ano.[61] A crise da inflação galopante havia passado. A taxa de emprego vinha crescendo. Conferências internacionais ofereciam à Alemanha, pela primeira vez desde sua derrota, participação igual na diplomacia europeia. Em 16 de julho de 1925, três meses após a publicação do primeiro volume do livro escrito por Hitler, a Alemanha as-

59 Político alemão, líder do Partido Nazista e chanceler da Alemanha Nazista de 1933 a 1945.

60 Termo considerado impróprio pelo autor, utilizado para reproduzir, na tradução mais fiel possível, a expressão utilizada por Hitler. A impropriedade do termo foi corroborada pelo Supremo Tribunal Federal no julgamento do *Habeas Corpus* nº 82.424-2/RS (Rel. Min. Moreira Alves, j. 17 de setembro de 2003, *DJ 19* de março de 2004), conhecido como "Caso Ellwanger", em referência ao nome do paciente, Siegfried Ellwanger. No caso, a Corte decidiu que: "*Escrever, editar, divulgar e comerciar livros 'fazendo apologia de ideias preconceituosas e discriminatórias' contra a comunidade judaica (Lei 7716/89, artigo 20, na redação dada pela Lei 8081/90) constitui crime de racismo sujeito às cláusulas de inafiançabilidade e imprescritibilidade (CF, artigo 5º, XLII)*", uma vez que "***a divisão dos seres humanos em raças resulta de um processo de conteúdo meramente político-social****. Desse pressuposto origina-se o racismo que, por sua vez,* ***gera a discriminação e o preconceito segregacionista***" (grifos nossos). Em parecer apresentado e aceito pelo STF na condição de *amicus curiae* no caso acima, Celso Lafer, Professor Emérito da Faculdade de Direito da Universidade de São Paulo, afirmou: "*O avanço do conhecimento se incumbiu de mostrar que não há fundamento biológico em qualquer subdivisão racial da espécie humana e que os critérios das diferenças visíveis, a começar pela cor da pele, são apenas juízos de aparência*". LAFER, Celso. *Parecer. O caso Ellwanger:* antissemitismo como crime da prática do racismo, 2003. Disponível em: <https://www2.senado.leg.br/bdsf/bitstream/handle/id/948/R162-08.pdf?sequence=4>. Acesso em: 19 jun. 2019.

61 GILBERT, Martin. *O Holocausto*. São Paulo: Hucitec, 2010, p. 30.

sinou os Tratados de Locarno,[62] que garantia as fronteiras da Europa Ocidental, como parceira em pé de igualdade com a Inglaterra, a França, a Bélgica e a Itália.

Hitler, após sair da prisão, onde permaneceu preso após a tentativa malsucedida de golpe contra o governo da Baviera conhecida como o "*Putsch*" de Munique (9 de novembro de 1923), refundou o Partido Nacional-Socialista dos Trabalhadores Alemães ("*Nationalsozialistische Deutsche Arbeiterpartei*", "NSDAP" ou "Partido Nazista"), então um pequeno partido de extrema-direita, assumindo sua liderança. Em maio de 1928, o Partido Nazista participou das eleições parlamentares nacionais alemãs, e conquistou doze cadeiras no *Reichstag*, o Parlamento Alemão.

Segundo GILBERT,[63] a democracia europeia não parecia ameaçada por estes acontecimentos aparentemente insignificantes. A Alemanha, desarmada pelo Tratado de Versalhes, não representava ameaça a seus vizinhos. Os Tratados de Locarno, assinados com esperança, continuavam a servir como aparente garantia de estabilidade. Os pagamentos de reparações ainda pendentes estavam sendo rapidamente reduzidos, por meio de negociações.

A quebra da Bolsa de Valores de Nova York, em 29 de outubro de 1929, foi determinante para a chegada de Hitler ao poder, pouco mais de três anos depois, em 30 de janeiro de 1933. A inflação voltou a subir. O desemprego aumentou a níveis sem precedentes. O crescimento dos comunistas alemães deflagrou uma reação da direita. A grave instabilidade econômica causou uma profunda crise política. O extremismo substituiu o ideal democrático de Weimar.

Diversos governos frágeis se sucederam na Alemanha entre 1929 e 1933. Nas eleições de setembro de 1930, o número de cadeiras ocupadas pelos nazistas no *Reichstag* subiu de 12 (conquistadas em 1928) para 107. Com mais de seis milhões de votos, o Partido Nazista passou a ser o segundo maior do país.

Nas eleições nacionais seguintes, em 31 de julho de 1932, o Partido Nazista obteve 230 cadeiras no *Reichstag*. Após três meses, em 6 de novembro de 1932, foi realizado novo pleito, no qual os nazistas receberam

---

62 Por meio dos sete Tratados de Locarno, negociados em Locarno, Suíça, em 16 de outubro de 1925, e assinados em Londres em 1º de dezembro de 1925, as potências da Europa Ocidental aliadas na Primeira Guerra Mundial buscaram a manutenção das fronteiras entre a Bélgica e a Alemanha, assim como aquelas da França com a Alemanha. Foram fiadores dos Tratados o Reino Unido e a Itália.

63 GILBERT, Martin. Ob. cit, p. 35.

menos votos e menos cadeiras. Com 196 cadeiras – uma perda de 34 – Hitler havia sido superado pela combinação de socialistas e comunistas.

No entanto, aos partidos de esquerda alemães faltava unidade suficiente, ou a sensação de perigo, para se unirem. Uma prolongada crise política levou a um acordo. Os partidos de centro e de direita concordaram em aceitar Adolf Hitler como chanceler (cargo máximo do Poder Executivo alemão), figurando como chefe de uma coalizão na qual compartilhariam o poder e postos no governo. Com base em tal acordo, em 30 de janeiro de 1933, Hitler foi nomeado chanceler. Por meio de decretos de emergência, Hitler moveu-se rapidamente para estabelecer uma ditadura.

Hjalmar Schacht (1877-1970) tornou-se Ministro da Economia do *Terceiro Reich* e presidente do Banco Central Alemão (*Reichsbank*), editando novas leis comerciais (como a Lei Societária de 1937), determinando controle do câmbio, limites ao pagamento de dividendos e racionamento de matérias-primas.

Em 23 de março de 1933, o *Reichstag* aprovou a Lei Plenipotenciária, com a resistência dos social-democratas. Com ela, o regime nazista podia impor leis sem aprovação prévia do Parlamento. Era o início da ditadura.

MORCK e STEIER explicam que a propriedade acionária, sob a égide da República de Weimar, havia crescido de forma dispersa, propagando o medo de tomadas de controle nas famílias fundadoras das empresas e em seus administradores contratados. Para prevenir tais eventos, ações que conferiam votos múltiplos e os "*voting caps*" passaram a ser largamente utilizados. Ações de votos múltiplos eram geralmente outorgadas a membros das famílias fundadoras que serviam nos conselhos das companhias ou aos bancos controlados pelas famílias. "*Voting caps*" limitavam o direito de voto de acionistas não familiares apesar da propriedade das ações. No entanto, a ascensão do nazismo desencadeou severas mudanças na legislação societária alemã.

O governo nazista reformulou muitos dos fundamentos do Direito Societário alemão. Invocando o *Führerprinzip*,[64] a Lei Societária alemã de 30 de janeiro de 1937 liberou os administradores e diretores de empresas de seus específicos deveres fiduciários para com os acionistas e os substituiu por um dever geral para com todos os *stakeholders*, espe-

64 O *Princípio do Líder*, em tradução livre. *Führer* é termo de uso corrente na língua alemã, mas está tradicionalmente associado a Adolf Hitler, que o usou para se designar líder supremo da Alemanha Nazista.

cialmente o *Reich*.[65] Tal lei baniu o voto por correio e forçou os acionistas que não podiam votar pessoalmente a registrar suas participações junto aos bancos e outorgar aos bancos o direito de voto em seus nomes. Isto concedeu aos grandes bancos controle dos direitos majoritários de voto

---

65 Para que se tenha uma ideia de como o *Führerprinzip* encontra-se distante daquilo que hoje se entende como ideal para o funcionamento saudável e democrático das sociedades anônimas no Brasil, analisemos alguns aspectos da legislação brasileira e itens da 5ª edição do Código de Melhores Práticas de Governança Corporativa, produzido pelo Instituto Brasileiro de Governança Corporativa (IBGC). O art. 138, §3º, da Lei das Sociedades por Ações, introduzido pela Lei n° 14.195, de 26 de agosto de 2021, veda, nas companhias abertas, a acumulação do cargo de presidente do conselho de administração e do cargo de diretor-presidente ou de principal executivo da companhia. Antes disso, o Código de Melhores Práticas, em seu item 2.8.2, já estabelecia que os cargos de presidente do Conselho de Administração e Diretor-Presidente deveriam ser exercidos por pessoas diferentes, em contraposição à legislação societária estabelecida pelo Governo de Vichy (citado na seção 2.4.1 abaixo) e pelas normas contidas no Grupo III da Lei Societária alemã de 1937, conforme divisão proposta nesta Seção: "*Para que não haja concentração de poder e prejuízo ao dever de supervisão do conselho em relação à diretoria, o acúmulo das funções de presidente e diretor-presidente por uma mesma pessoa deve ser evitado. O diretor-presidente não deve ser membro do conselho de administração, mas deve participar das reuniões como convidado*". Além disso, os itens 2.2.3 ("*Recomenda-se um número ímpar de conselheiros, entre cinco e onze. Esse número pode variar conforme o setor de atuação, porte, complexidade das atividades, estágio do ciclo de vida da organização e necessidade de criação de comitês*") e 2.4 ("*Art. 15. A companhia deve prever, em seu estatuto social, que seu conselho de administração seja composto por, no mínimo, 2 (dois) conselheiros independentes – ou 20% (vinte por cento), o que for maior*") do Código de Melhores Práticas determinam que o número de membros do Conselho de Administração deve variar entre 5 (cinco) e 11 (onze), divididos entre "independentes", "externos" e "internos". Assim, é impensável um Conselho formado por uma única pessoa. Por meio da Lei n° 14.195/21, foi editado o §2º do art. 140 da Lei das Sociedades por Ações, exigindo a nomeação de conselheiros independentes nas companhias abertas. Antes disso, o Regulamento de Listagem do Novo Mercado da B3 já estabelecia, em seu art. 15, um mínimo de 5 (cinco) membros para o Conselho de Administração, sendo, pelo menos, 20% (vinte por cento) deles conselheiros independentes. "Conselheiro Independente", conforme o Regulamento de Listagem do Novo Mercado da BM&F Bovespa, seria caracterizado por (i) não ter nenhum vínculo com a Companhia, exceto participação de capital; (ii) não ser Acionista Controlador, cônjuge ou parente até segundo grau daquele, ou não ser ou não ter sido, nos últimos 3 (três) anos, vinculado a sociedade ou entidade relacionada ao Acionista Controlador (pessoas vinculadas a instituições públicas de ensino e/ou pesquisa estão excluídas desta restrição); (iii) não ter sido, nos últimos 3 (três) anos, empregado ou diretor da Companhia, do Acionista Controlador ou de sociedade controlada pela Companhia; (iv) não ser fornecedor ou comprador, direto ou indireto, de serviços e/ou produtos da Companhia, em magnitude que implique perda de independência; (v) não ser funcionário ou administrador de sociedade ou entidade que esteja oferecendo ou demandando serviços e/ou produtos à Companhia, em magnitude que implique perda de independência; (vi) não ser cônjuge ou parente até segundo grau de algum administrador da Companhia; e (vii) não receber outra remuneração da Companhia além daquela relativa ao cargo de conselheiro (proventos em dinheiro oriundos de participação no capital estão excluídos desta restrição).

sobre grande parte das grandes corporações alemas. O *Reich*, então, tomou o controle dos bancos.[66]

Notadamente, a possibilidade de representação de acionistas por instituições financeiras nas assembleias gerais de companhias abertas foi importada pelo legislador brasileiro em 1976, nos termos do art. 126, § 1º, da Lei das Sociedades por Ações.[67] TEPEDINO defende que as críticas dirigidas a este dispositivo com base em seu uso historicamente nocivo seriam infundadas, visto que seu efeito durante as primeiras décadas de vigência da Lei das Sociedades por Ações teria sido de aumentar a representatividade de acionistas nas assembleias gerais.[68] Ora, não se pode ver aqui nenhuma relação de causa e consequência entre a possibilidade de outorga de procuração a instituição financeira e ativismo acionário. E, ainda que haja relação entre o recebimento de procurações por parte das instituições custodiantes (muitas vezes, uma condição para o investimento em companhias listadas na Bolsa de Valores) e a presença de minoritários em assembleias, o incentivo para a participação acionária é equivocado, pois tem como pressuposto o receio de ter o próprio voto utilizado contra si, e não a informação e a intenção de efetivamente tomar parte nos rumos da companhia.

Voltando-se ao caso alemão, o trabalho do legislador de 1937 não foi especialmente árduo. Bastou utilizar a teoria da "*empresa em si*" (*unternehmen an sich*), uma das precursoras do institucionalismo (tratado abaixo), perspectiva doutrinária contraposta ao contratualismo sobre a formação do "interesse da companhia", e base do institucionalismo publicista alemão conforme lição de SALOMÃO FILHO.[69] Desenvolvida por Walter RATHENAU,[70] esta visão trabalha a contraposição entre o "*fim*" e o "*objeto social*". O objeto social (atividade) prevaleceria sobre o fim

---

66 MORCK, R.; STEIER, L. *The Global History of Corporate Governance:* An Introduction. *In*: MORCK, R. (Org). *A History of Corporate Governance Around the World:* Family Business Groups to Professional Managers. National Bureau of Economic Research, 2005. Disponível em: <http://www.nber.org/papers/w11062>. Acesso em: 22 set. 2017, p. 9.

67 *"Art. 126. [...] § 1º O acionista pode ser representado na assembleia-geral por procurador constituído há menos de 1 (um) ano, que seja acionista, administrador da companhia ou advogado; na companhia aberta, o procurador pode, ainda, ser instituição financeira, cabendo ao administrador de fundos de investimento representar os condôminos"*.

68 TEPEDINO, Ricardo. *In:* LAMY FILHO, Alfredo; BULHÕES PEDREIRA, José Luiz (coord.). Ob. cit. 2009, p. 929.

69 SALOMÃO FILHO, Calixto. *O Novo Direito Societário*. 4ª ed. rev. e ampl. São Paulo: Malheiros Editores, 2011, pp. 32-33.

70 Walther Rathenau (1867-1922) foi um industrial, político, escritor e estadista alemão que serviu como ministro das Relações Exteriores da Alemanha durante a República de Weimar.

(geração de lucros). Assim, os órgãos de administração deveriam ser valorizados, por serem entidades neutras capazes de defender o interesse empresarial, em detrimento da assembleia geral.[71]

Então, a ideia da "empresa em si" foi adotada, porém de forma distorcida, pelo regime nazista, de forma a concentrar poder na esfera administrativa e desprezar interesses dos acionistas minoritários. No caso alemão, seria o Estado, e não necessariamente o acionista controlador, o "depositário e o intérprete do interesse social". E foram, assim, privilegiadas pelo regime as empresas cujos "objetos sociais" seriam valiosos, em alguma medida, para os esforços de guerra e consolidação do regime.

Como dito, a teoria da "empresa em si" é base de teorias "institucionalistas", discutidas abaixo, as quais, segundo CARVALHOSA, "*proclamam haver um interesse social independente ou, pelo menos, não identificado com o dos sócios*". O interesse da empresa, enquanto instituição autônoma (inclusive em relação à sua "pessoa jurídica"), seria superior ao dos sócios.[72] Por sua vez, a teoria "contratualista", explorada na Seção 2.4.1 abaixo por meio da visão oferecida por ASCARELLI, nega a existência de um "interesse social" superior ao "interesse comum" dos sócios.[73] CARVALHOSA ainda menciona, como outra vertente das teorias institucionalistas, a teoria da "sociedade em si". Também baseada na distinção entre o interesse dos sócios e o interesse social, esta teoria classifica a sociedade como um ente autônomo que os acionistas se limitam a criar e instituir. Posteriormente, deveriam os sócios exercer seus direitos de voto estritamente no interesse da companhia. Difere da teoria da empresa em si ao admitir não apenas a ampla discricionariedade dos administradores, mas também o exame judicial do mérito das deliberações inoportunas para a companhia.[74]

LAMY FILHO e BULHÕES PEDREIRA destacam que a lei alemã de 1937 – impulsionada pela teoria da empresa em si – foi a primeira a abandonar o princípio da soberania da assembleia geral. O poder do conjunto de acionistas passou a ser limitado a eleger os membros do *Conselho de Supervisão* (*Aufsichtsrat*), os quais eram competentes para escolher a composição do órgão executivo (*Vorstand*) (arts. 87 e 70).

---

71 SALOMÃO FILHO, Calixto. Ob. cit., pp. 32-33.

72 CARVALHOSA, Modesto. *Comentários à Lei das Sociedades Anônimas*, 2º v., artigos 75 a 137. São Paulo: Saraiva, 2001, p. 554.

73 *Ibidem*, p. 559; e ASCARELLI, Tullio. *Problemas das Sociedades Anônimas e Direito Comparado*. Campinas: Bookseller, 2001. Capítulo V, pp. 372-452 ("*O Contrato Plurilateral*").

74 LAMY FILHO; BULHÕES PEDREIRA. Ob. cit., p. 555.

Os principais objetivos da lei incluíam os seguintes: (i) restringir os privilégios de constituição de médias e grandes empresas para forçar os negócios a uma forma mais pessoal de sociedade; (ii) fazer a sociedade anônima menos impessoal em essência por meio da publicidade de dados e identificação de sócios;[75] (iii) introduzir o *Führerprinzip*; e (iv) proteger o interesse público, dos trabalhadores e da própria companhia por meio da outorga ao Estado de amplos poderes de intervenção.

Por mais que a Lei Societária de 1937 tivesse inovações positivas (não por acaso, muitas de suas disposições estão refletidas na legislação brasileira), esta cláusula geral de que as deliberações sociais deveriam sempre estar de acordo com o "bem-estar" coletivo e do regime é uma das facetas que expõem seu caráter ditatorial. É por meio deste princípio que, na prática, o governo estaria autorizado a intervir nas empresas, determinar o interesse social a despeito da manifestação dos acionistas e impor os meios e objetivos de produção que se alinhassem com os planos do regime nazista.

Em trabalho desenvolvido contemporaneamente à consolidação do regime nazista e nos primeiros tempos de vigência da Lei Societária alemã de 1937, KESSLER sumarizou o racional e o objetivo de tal diploma legal, os quais comprovam os dois pressupostos aqui colocados, quais sejam a moldagem de estruturas de organização empresarial conforme a estrutura de Estado (i) num fluxo quase natural, em decorrência de fatores culturais; e (ii) por estratégia do próprio Estado, como forma de sujeitar a atividade empresarial a interesses governamentais. Segundo o autor, os economistas do regime colocavam-se a favor do estabelecimento de uma espécie de ditadura dentro das sociedades anônimas, similar à forma de governo na esfera política. Um exemplo era a administração da empresa por um *Führer*, sujeito apenas a votos de confiança esporádicos por parte dos acionistas, por meio de seus representantes (os membros do Conselho de Administração), havendo pouco espaço para deliberações do corpo acionário. O Estado, por sua vez, reservava para si a possibilidade de aprovação dos conselheiros, bem como o poder de veto sobre qualquer das ações do órgão, da diretoria e dos acionistas para proteger o "interesse público".[76]

---

75 Os itens (i) e (ii) evidenciam a intenção do regime em ter o controle ou, ao menos, o conhecimento, de quem eram as pessoas envolvidas em cada atividade.

76 KESSLER, William Conrad. The German Corporate Law of 1937. *The American Law Review*. American Economic Association, v. 28, nº 4, dez. 1938, p. 654.

O estudo de KESSLER revelou o desejo do nazismo de forçar todas as formas de atividade econômica a observar sua regra de "bem-estar público antes do ganho individual" (*Gemeinnutz vor Eigennutz*). Oposições ao formato de sociedade anônima como vestígio do liberalismo demonstram a ausência de unanimidade de opinião sobre os assuntos econômicos no *Terceiro Reich*.

A Lei Societária alemã de 30 de janeiro de 1937 foi considerada importante por duas razões. Primeiro, pois não haviam sido feitas alterações pormenorizadas na Lei de Sociedades desde 1884. Ela cria uma lei especial para a sociedade anônima (*Aktiengesellschaft*) e para a sociedade limitada com ações transferíveis. Ambos os tipos de empresas eram previamente regulados pelo Código Civil alemão (*Bürgerliches Gesetzbusch*, ou *BGB*). A segunda razão é que o governo nazista finalmente estendeu sua filosofia de governo ao campo da atividade econômica, anteriormente influenciado pelos princípios liberais.[77]

A Lei das Sociedades Limitadas[78] (chamadas de *Gesellschaft mit beschränkter Haftung*, ou *GmbH*) permaneceu inalterada, num primeiro momento, apesar de talvez ser até mais importante pelas críticas sofridas por tais sociedades devido ao fato de suas demonstrações financeiras não estarem sujeitas à publicidade, ao mesmo tempo que tais empresas eram mais numerosas na Alemanha dos anos 1930.[79]

Apesar de os nazistas terem chegado ao poder em janeiro de 1933, demoraram quatro anos para promover mudanças importantes na legislação comercial. Neste ínterim, as corporações eram atacadas pelos nazistas ortodoxos por serem um instrumento do "capitalismo financeiro". Em certa medida, este atraso deveu-se ao fato de que havia muito a fazer em outros setores da economia e da sociedade para a implementação dos princípios nazistas. Outra razão, entretanto, deriva do fato de que não havia consenso entre os líderes partidários e econômicos nazistas sobre qual deveria ser o regime aplicado às grandes empresas. Tal como em outros assuntos controversos na Alemanha dos anos 1930, é possível distinguir um grupo radical de um grupo conservador de pensadores. O primeiro, em geral, propugnava o afastamento

77 KESSLER, William Conrad. Ob. cit., p. 653-662.

78 No original de KESSLER, *"private companies"*.

79 De acordo com números da época, ao final de 1937 havia na Alemanha 30.454 sociedades limitadas com capital no valor de 4.632.000.000,00 marcos alemães e 6.094 sociedades anônimas com capital no valor de 18.705.000,00 marcos alemães (*Vierljahrscheft dês Deutschen Reich*, v. 47, 1938, erstes Heft, pp. 90 e 97).

das sociedades anônimas do sistema econômico, substituindo-as pelas sociedades limitadas ou empresas individuais, devido à ausência de relações pessoais nas sociedades anônimas e aos vários abusos ocorridos dentro e por meio delas durante a Grande Depressão. Não obstante esta posição, até as propostas mais radicais admitiam a sociedade anônima como o melhor meio para o financiamento e administração da indústria moderna de larga escala.

A Lei Societária de 1937 dividia os acionistas das sociedades anônimas em dois grupos. O primeiro seria o "Grupo Administrativo", composto por detentores de ações nominativas, com direito a voto e a dividendos ilimitados, porém com certas limitações à cessão e transferência de ações. O segundo seria o "Grupo Comum", formado por detentores de ações ao portador, sem direito a voto, mas com facilidade para ceder e transferir ações e direito a dividendos limitados. A proposta reconheceu o fato de que a grande massa de investidores possuía apenas pequenas participações individuais e não tinha interesse no exercício do direito a voto, mas gostaria de certa segurança e preferência na distribuição de dividendos. Porém, esta ideia era inaceitável para o comitê nomeado em dezembro de 1933 para propor as alterações legislativas, por causa de sua complexidade e risco de resultar numa concentração de poder ainda maior do que a previamente existente nas mãos de pessoas não necessariamente leais ao *Reich*.

Pensadores mais realistas hesitaram em aceitar a introdução de mudanças radicais na administração interna das sociedades anônimas. Alguns deles reiteravam a fé no valor da sociedade anônima para a estrutura da economia moderna e questionavam a adequação da introdução de um *Führer* em cada grande empresa. Finalmente, no início de 1937, o Ministério da Justiça alemão promulgou a nova lei.

Para fins didáticos, é possível dividir a Lei Societária de 1937 em quatro partes principais. A primeira tem pouca relação com os princípios econômicos nazistas e serve para viabilizar a adoção da sociedade anônima para negócios de larga escala. A segunda compreende as previsões por meio das quais o governo buscou reduzir o anonimato, isto é, os aspectos impessoais da sociedade por ações. A terceira parte trata das mudanças na administração interna da companhia, com a concentração de poderes na Diretoria (*Vorstand*) e a introdução do *Führerprinzip*. A quarta e última porção abarca as disposições por meio das quais o Estado teria poderes para regular a sociedade anônima de modo a promover o "bem-estar" geral. A primeira parte contém as previsões defendidas pelas correntes menos radicais do nazismo, com o nível de radicalismo crescente até a última parte.

I) Grupo 1: Versa sobre o *locus* da sociedade anônima na ordem econômica, incluindo também disposições que facilitam a mobilização de capitais. Com o advento da lei, nenhuma companhia poderia ser constituída e, assim, adquirir as vantagens da personalidade jurídica e de emitir ações negociáveis, a menos que possuísse capital mínimo de 500.000 marcos alemães (§ 7). Isso tendia a eliminar a pequena empresa que buscava proteção da responsabilidade limitada por meio da mera constituição formal. Isso também serviu para reduzir o número total de empresas e tornar mais fácil a regulação delas pelo Estado. As empresas menores se dissolveram ou se transformaram em empresas individuais. Esta disposição eliminou quase que automaticamente 1.445 - então 20% - das sociedades existentes na Alemanha no final de 1936; as quais, porém, somavam apenas cerca de 0,3% do capital integralizado na Alemanha.[80] As seções financeiras da lei (§§ 149 a 194) revelavam em geral uma atitude amigável para com as companhias alemãs e objetivavam colocá-las em um pé de igualdade com os suas concorrentes estrangeiras. As companhias passaram a poder, em circunstâncias especiais, levantar capital através da utilização do direito de preferência dos acionistas à subscrição de novas ações (§§ 159 a 168). Além disso, a Administração poderia evitar a exigência de que todos os aumentos de capital teriam de ser feitos com a permissão específica dos acionistas, desde que tivessem cláusula estatutária permitindo que aumentos provisórios fossem válidos por um período de cinco anos (§§ 169 a 173). Uma atitude mais severa foi adotada para a emissão de títulos conversíveis, os quais poderiam ser emitidos somente com a permissão dos acionistas e do Ministério da Economia (§ 174). Esta restrição foi introduzida para evitar abusos na emissão de tais valores mobiliários que haviam ocorrido no passado. As outras disposições financeiras da Lei relacionavam-se às reduções do capital social, em que se observa um esforço para proteger melhor os interesses dos credores das sociedades (§§ 175 a 181).

Percebe-se aqui que a Lei Societária de 1937 desestimulou o pequeno empreendedor. O empreendedorismo não era um objetivo almejado pelo *Reich*, que via mais importância na criação de grandes potências empresariais capazes de prover os suprimentos necessários à guerra e com as quais o Estado pudesse negociar. Isto se assemelha, em certa medida, à política dos "campeões nacionais"[81] conduzida no Brasil no início do século XXI, que se baseou no financiamento público limitado a certos setores da economia brasileira com potencial para permitir o surgimento de grandes grupos empresariais nas incubadoras do Estado.

---

80 *Statistisches Jahrbuch fur das Deutsche Reich*, 1937, p. 414.

81 Expressão de autoria incerta, largamente utilizada no Brasil durante a primeira década dos anos 2000, para se referir aos grandes grupos econômicos privilegiados pelo Governo Federal, principalmente por meio de financiamentos do Banco Nacional de Desenvolvimento Econômico e Social (BNDES), para se consolidarem como os grandes agentes econômicos brasileiros no cenário global.

> II) Grupo 2: Trata da "personalização" da companhia. Uma das queixas principais dos nazistas era que pouco se sabia sobre as pessoas que administravam ou realmente controlavam as sociedades anônimas. Além disso, os numerosos e dispersos acionistas tinham pouca ou nenhuma relação pessoal entre si ou com a empresa, estando normalmente interessados apenas em seus dividendos, em vez de ver a empresa como seu próprio negócio. Assim, tanto quanto possível, o regime buscou introduzir elementos de pessoalidade e lealdade na condução dos negócios das sociedades anônimas. Esta foi também uma ferramenta utilizada pelo governo para identificar judeus e integrantes de outras minorias perseguidas que estivessem na administração ou controle das grandes empresas.

Para que isso acontecesse, as sociedades anônimas passaram a ser obrigadas a imprimir os nomes de todos os membros do Conselho de Administração em todas as suas cartas comerciais e demonstrações financeiras (§§ 100 e 128). Além disso, foi declarado ser direito fundamental dos acionistas exigir e receber quaisquer informações sobre a empresa, a menos que isto ameaçasse a sua posição concorrencial ou o bem-estar do povo e do *Reich*.

Outro exemplo da busca pela pessoalidade na Lei Societária de 1937 se depreende de seu §110, segundo o qual os acionistas que votassem por procuração nas assembleias gerais (incluindo os bancos, como descrito acima) deveriam especificar quais ações pertenciam a tais acionistas e quais pertenciam a outrem.

A presença de uma empresa em grupos econômicos (*Konzern*), cartéis e organizações similares deveria ser revelada aos acionistas nos relatórios anuais da Administração (§§ 128, 8 seg. e 9). Certamente, isto também teria o objetivo de ajudar o Estado na fiscalização de combinações de negócios.

> III) Grupo 3: Estabelece novas regras para a administração interna da companhia. A Lei Societária de 1937 adotou o já mencionado *Fuhrerprinzip*, e previa a regra pela qual todo o controle e responsabilidade poderia ser centrado em uma só pessoa, que teria poder quase ilimitado. Embora a lei não contemplasse a forma mais centralizadora e radical da proposta, algum reconhecimento foi feita a ela.

A concessão mais importante feita pela Lei Societária de 1937 aos princípios nazistas está contida na regra de que o Conselho de Administração deveria gerir a companhia "*para o bem da empresa, seus funcionários e para o bem-estar do povo e do Reich*" (§ 70), inserida neste Grupo III. A gestão é, portanto, sujeita a críticas não apenas dos proprietários do negócio, mas também dos empregados (por meio da Frente Trabalhista Alemã) e do Estado Nazista. Os membros da Diretoria poderiam ser substituídos por um "motivo relevante" ("*Wichtige Grund*"). Tal motivo poderia ser um prejuízo advindo de dano à sociedade causado com "culpa grave" ("*gross negligence*") e da incapacidade de conduzir a operação normal dos negócios.

Por meio desta disposição, as companhias poderiam ter um *Führer*. Assim, a demanda das alas nazistas mais radicais tornou-se uma opção para as companhias.

O § 71 permitia que o Conselho de Administração fosse formado por uma só pessoa ou atribuísse toda a responsabilidade ao seu presidente. Por meio desta disposição, as companhias poderiam ter um Führer. Assim, a demanda das alas nazistas mais radicais tornou-se uma opção para as companhias.

O Conselho de Administração foi declarado o único responsável pelos negócios das companhias, apenas em certas matérias limitados pelo controle dos acionistas (§ 70). Considerou-se que através de tal concentração do centro decisório, a administração dos negócios poderia ser mais eficiente, sendo mantida fora das mãos da massa de acionistas inexperientes e em constante mudança. Este era mais um traço do institucionalismo alemão baseado no *Führerprinzip* e na teoria da "empresa em si", particularizado pela função política dos administradores dentro do nacional-socialismo.

Com relação à responsabilidade por atos cometidos pelos administradores, o § 84 da Lei Societária de 1937 exigia que a condução dos negócios envolvesse "*os cuidados de uma liderança comum e consciente*", similar ao "*cuidado e diligência que todo homem ativo e probo costuma empregar na administração dos seus próprios negócios*", tal como previsto pelo art. 153 da Lei das Sociedades por Ações.[82] Os administradores deveriam arcar com o ônus da prova, a depender da infração cometida, além de reembolsar a companhia por danos a ela causados por culpa.

O Conselho de Administração teria o poder de comandar as sociedades anônimas a despeito da Assembleia Geral.[83] A influência dos acionistas se mantinha em relação aos seguintes temas:

> a) propositura de ações para responsabilização dos administradores perante a companhia por danos causados com culpa;
> b) representação especial no conselho de administração (§ 88);
> c) convocação de assembleias gerais extraordinárias por acionistas representando 5% (cinco por cento) ou mais do capital social (§ 106);
> d) direito à informação;
> e) direito de voto aos detentores de ações preferenciais caso não recebam dividendos integrais por dois anos consecutivos (§ 116);

---

82 "*Art. 153. O administrador da companhia deve empregar, no exercício de suas funções, o cuidado e diligência que todo homem ativo e probo costuma empregar na administração dos seus próprios negócios.*"

83 BÖTTCHER, Lars; BLASCHE, Sebastian. The Limitations of the Management Board's Directive Powers in German Stock Corporations. *German Law Journal*, v. 11, nº 5, pp. 494-512.

f) controle sobre a distribuição dos lucros líquidos (§ 126), o qual não era tão relevante, uma vez que os acionistas não possuíam poder para decidir sobre a constituição e uso de reserva (§ 125);
g) exigência de auditoria dos livros societários por auditores indepedentes (§§ 136 e 137);
h) direito de preferência para subscrição de novas ações emitidas (§ 153);
i) aprovação de reformas do estatuto social (§§ 145 e 146); e
j) concessão de empréstimos aos diretores (§§ 80).

Boa parte destas previsões está contemplada, ainda que não em idênticos parâmetros, pela Lei das Sociedades por Ações. O item (e), por exemplo, existe na legislação pátria, mas são exigidos ao menos 3 (três) exercícios sem pagamento de dividendos aos preferencialistas para que eles adquiram direito de voto (art. 111, § 1º).[84] O Regulamento de Listagem do Novo Mercado da B3, objeto de estudo na Seção 4.2 abaixo, visando à democratização das deliberações sociais e maior ativismo acionário, chega a vedar a emissão de ações preferenciais (art. 8º).[85] Além disso, concessão de empréstimos aos diretores também depende da anuência da Assembleia Geral ou do Conselho de Administração, conforme prevê o art. 154, § 2º, alínea "b".[86] Por outro lado, a constituição de reservas pode ser deliberada pela Assembleia Geral por meio de introdução de disposição estatutária, nos termos do art. 194.[87]

IV) Grupo 4. Estabelece os mecanismos de regulação e controle estatal. É neste ponto que se encontrou a maior ruptura com o passado. A regra nazista de que "a política conduz a economia, e não o contrário" foi seguida, ainda

---

84 *"§ 1º As ações preferenciais sem direito de voto adquirirão o exercício desse direito se a companhia, pelo prazo previsto no estatuto, não superior a 3 (três) exercícios consecutivos, deixar de pagar os dividendos fixos ou mínimos a que fizerem jus, direito que conservarão até o pagamento, se tais dividendos não forem cumulativos, ou até que sejam pagos os cumulativos em atraso".*

85 *"Art. 8º A companhia deve ter seu capital social dividido exclusivamente em ações ordinárias.".*

86 *"§ 2° É vedado ao administrador:* [...]
b) sem prévia autorização da assembleia-geral ou do conselho de administração, tomar por empréstimo recursos ou bens da companhia, ou usar, em proveito próprio, de sociedade em que tenha interesse, ou de terceiros, os seus bens, serviços ou crédito;".

87 *"Art. 194. O estatuto poderá criar reservas desde que, para cada uma:*
I - indique, de modo preciso e completo, a sua finalidade;
II - fixe os critérios para determinar a parcela anual dos lucros líquidos que serão destinados à sua constituição; e
III - estabeleça o limite máximo da reserva."

> que não da forma exigida pelos mais radicais. O resultado foi a possibilidade de o Estado exercer qualquer poder sobre uma sociedade. No momento de constituição de uma sociedade, os tribunais teriam o direito de negar o seu registro se os interessados não tivessem seguido alguma norma legal no processo de constituição ou se a auditoria preliminar tivesse sido insatisfatória e os produtos e serviços integralizados ao capital social tivessem sido sobrevalorizados (§ 31).

O objetivo destas normas era a proteção do "bem-estar geral". Tal como acima referido, o Conselho de Administração deveria dirigir a empresa para o bem dos empregados, e para o bem-estar do povo e do *Reich* (§ 70). Além disso, toda participação dos administradores nos lucros da empresa deveria guardar uma "relação razoável com as despesas para o bem dos empregados ou provisões para o bem-estar geral" (§ 77). Da mesma forma, todas as remunerações (incluindo salários, participações em lucros, comissões) de gerentes e diretores deveriam guardar relação razoável com suas funções e a condição financeira da empresa (§§ 78 e 98).

Quanto aos benefícios oferecidos aos trabalhadores, como forma de voltar a impulsionar o consumo e manter a popularidade do governo, a Lei era muito ampla. Uma companhia poderia ser forçada a conceder aos seus empregados bonificações natalinas ou mesmo participação nos lucros.

Já o "bem-estar geral" proposto pela Lei poderia incluir até o embelezamento das fábricas e instalações mais confortáveis. Tudo isso era considerado um aspecto do "socialismo alemão", o qual compreendia a melhoria das condições do trabalho das massas e a glorificação do trabalho manual, sem prescindir da propriedade privada da indústria.

Pelos §§ 288 a 293, permitia-se uma intervenção direta do Estado nas sociedades. Aquelas (incluindo sociedades limitadas com quotas transferíveis) que pusessem em perigo o bem-estar geral, por meio de condutas contrárias à Lei Societária ou "aos princípios da gestão empresarial responsável" poderiam ser dissolvidas pelo Tribunal Econômico a pedido do Ministro de Economia. Esta parte da Lei colocou, assim, um poder considerável nas mãos do Estado. O objetivo era, primordialmente, preservar as corporações, mas também forçar o comportamento delas a coincidir com os ideais nazistas. Estes ideais incluíam a concentração de responsabilidade, o interesse pelo bem-estar dos empregados e, acima de tudo, serviço ao Estado.

O efeito imediato experimentado pelo empresariado alemão logo após a promulgação da Lei Societária de 1937 foi o declínio no número de sociedades anônimas. Isto se deve, claramente, às disposições presentes no § 7 da Lei, o qual, pela imposição de um alto capital social mínimo, limitava-se o campo de atuação das sociedades anônimas aos negócios de larga escala. No entanto, o movimento de adoção de formas alternativas de organização societária começou antes mesmo da promulgação da Lei. Como resultado da hostilidade perante o caráter impessoal das grandes corporações, em julho de 1934 já havia sido criada uma lei facilitando a transformação de sociedades anônimas em limitadas ou empresas individuais. Entre a edição desta Lei e o final de 1937, 1.373 sociedades anônimas alteraram sua forma de organização societária. 617 delas transformaram-se em sociedades limitadas, 438 em empresas individuais,[88] e o restante assumiu tipos societários menos comuns. Como resultado deste processo, o número de sociedades anônimas diminuiu 16% ao longo do ano de 1937. Em termos de capitalização, a redução foi de apenas 3%, pois a maior parte das transformações se deu entre as sociedades anônimas de menor porte.

O resultado mais significativo foi o maior poder dado ao Estado sobre os negócios de larga escala. Isto pode ser considerado conectado à filosofia nazista que justificava toda e qualquer intervenção estatal: abolição de todos os traços do *laissez-faire* liberal e assunção, pelo Estado, do poder de decisão sobre as atividades econômicas da nação para que se mantivessem nos rumos considerados corretos.

Em diversos aspectos, a Lei Societária de 1937 pode ser considerada uma continuação das tendências verificadas a partir de 1933 que incluem, entre outros traços, o desestímulo à propriedade acionária por parte da população em geral, maior poder conferido aos administradores, e maior proteção a credores. O aumento da regulação estatal não era considerado uma novidade num país em que, com exceção de poucos anos de República, sempre havia sido antagonista do liberalismo.

2.3. Democracia acionária na prática

Delimitado o conceito de democracia aplicado às sociedades empresárias e analisada sua maior antítese – o modelo das sociedades governadas pelo *Führerprizip* –, passa-se agora à pergunta central desta Seção: Como se manifesta, na prática, a democracia acionária?

Para esta análise, é fundamental pensar o Direito Societário como *sistema*.[89] Isto porque de nada adianta falar em democracia acionária sem atenção à compatibilidade entre a democracia dentro das compa-

88 *Vierteljahrshefte zur Statistik des Deutschen Reichs*, v. 47, 1938, *erstes Heft*, p. 98.

89 A referência aqui é feita aos já mencionados LAMY FILHO (2007) e GUERREIRO (2010).

nhias e o desempenho empresarial. Isto é, o Direito Societário deve formar um corpo de regras completo, robusto e suficiente para a simultânea manutenção de mecanismos de participação acionária nas deliberações sociais e a garantia de direitos mínimos aos acionistas e do objetivo primordial das sociedades empresárias, qual seja a geração de lucros.

COMPARATO, na célebre obra *Aspectos Jurídicos da Macroempresa*, avalia a adoção de mecanismos decisórios democráticos pelas companhias.

O autor aponta para o fracasso, no âmbito das grandes empresas, do modelo que colocava a assembleia geral como grande protagonista na tomada das deliberações sociais. Para isso, compara o modelo que outorga os poderes máximos à Assembleia Geral ao regime constitucional parlamentarista, para constatar que "*o esquema democrático do parlamentarismo cedo revelou-se, porém, uma piedosa ficção na grande companhia*".

Assim, explica o doutrinador a ocorrência de uma transferência paulatina de poderes da assembleia geral para os órgãos administrativos, passando a diretoria na "macrocompanhia" a exercer uma posição de onipotência. COMPARATO recorre à obra de BERLE e MEANS (*The Modern Corporation and Private Property*, 1932) para ilustrar a transferência do poder na grande companhia para os administradores, tornando-se a assembleia um "*dos mais sofisticados exercícios de ilusão popular do capitalismo*". Por trás da "liturgia democrática" haveria, na verdade, um "governo endocrático" ou o "despotismo esclarecido".[90]

Segundo COMPARATO, o poder na macroempresa estaria consubstanciado na sua capacidade de investimento. O exercício do poder de investimento, por sua vez, pertenceria "inquestionavelmente" aos administradores, tecnocratas e únicos com capacidade de gerenciar a evolução tecnológica e fazer previsões financeiras. Corrobora esta tese o fato de que os recursos para o investimento da grande empresa vêm cada vez menos da subscrição acionária (junto ao público), e mais de outras fontes como capital próprio, fundos de investimento especializados em financiamento de projetos e empréstimos. Portanto, não se pode afirmar que exista uma correlação direta e absoluta entre os recursos aportados pelos sócios e os lucros gerados pelo exercício da atividade empresarial.[91] Como exemplo desta ideia, COMPARATO invoca a situação de uma companhia sem sócios, que teria adquirido as próprias ações. Nesta situação extrema, ainda

90 COMPARATO. Ob. cit, p. 18.

91 COMPARATO. Ob. cit., p. 18.

que irreal, fica evidente o protagonismo dos administradores. Apesar da impossibilidade legal deste cenário,[92] seus efeitos são muito parecidos no caso de companhias com capital votante intensamente disperso e em que os administradores tenham procurações dos acionistas para exercerem direitos de votos em relação às deliberações de competência privativa da assembleia geral. Ou seja, efetivamente, a democracia acionária seria uma proposta ilusória, visto que suplantada pela absorção de poderes e competências por parte dos administradores, personagens de fato responsáveis pela tomada de decisões de investimento e conhecedores das minúcias da companhia (em contraposição à figura do acionista especulador cujo objetivo se resume a auferir lucro com a compra e venda de ações). Nesse sentido, estudaremos na Seção 2.3.2 abaixo especificamente o fenômeno do controle gerencial e sua relação com a democracia acionária.

O surgimento da macroempresa estudada por COMPARATO só foi possível com a consolidação da economia de mercado, a qual, por sua vez, ocorreu num processo de globalização, consistente na interconexão comercial e cultural entre os países capitalistas. Esse contexto de uniformização econômica acarretou também a convergência da legislação societária entre diferentes países. Para HANSMANN e KRAAKMAN, o modelo sintético de legislação acionária acarreta a adoção do princípio fundamental de proteção de todos os acionistas, inclusive dos minoritários, contra a exploração por parte dos controladores. Em companhias abertas, isto significaria a garantia de igualdade (dentro do critério de proporcionalidade da propriedade do capital social) ao recebimento de dividendos e apuração de haveres.[93] Isto decorreria de duas razões principais.

---

92 Lei das Sociedades por Ações: "*Art. 30. A companhia não poderá negociar com as próprias ações.*
§ 1º Nessa proibição não se compreendem:
a) as operações de resgate, reembolso ou amortização previstas em lei;
b) a aquisição, para permanência em tesouraria ou cancelamento, desde que até o valor do saldo de lucros ou reservas, exceto a legal, e sem diminuição do capital social, ou por doação;
c) a alienação das ações adquiridas nos termos da alínea b e mantidas em tesouraria;
d) a compra quando, resolvida a redução do capital mediante restituição, em dinheiro, de parte do valor das ações, o preço destas em bolsa for inferior ou igual à importância que deve ser restituída.
§ 2º A aquisição das próprias ações pela companhia aberta obedecerá, sob pena de nulidade, às normas expedidas pela Comissão de Valores Mobiliários, que poderá subordiná-la à prévia autorização em cada caso.
[...]

93 HANSMANN, Henry; e KRAAKMAN, Reinier. The End of History for Corporate Law. *Yale Law School Program for Studies in Law, Economics, and Public Policy Law and*

Antes de explicar tais razões, porém, importa esclarecer brevemente, conforme adiantado na Seção 2.1 acima, o uso dos conceitos "maioria" e "minoria" no âmbito do Direito Societário e para os fins desta Seção. A diferenciação entre tais grupos, no contexto das assembleias gerais, não se resume a uma *"noção meramente quantitativa"*, nas palavras de Waldirio BULGARELLI, mas remete a uma *"relação quantitativa de poder"*,[94] ou seja, trata-se da oposição entre aqueles acionistas que, pela titularidade de determinado número de ações com direito a voto, ou então articulados por meio de acordos de voto ou, ainda, munidos de procurações outorgadas por outros acionistas, exercem o controle societário, nos termos do art. 116 da Lei das S.A.[95] Podem, nesse sentido, representar posições transitórias. Assim, a "proteção aos minoritários", aqui retratada como um pilar da democracia acionária, deve ser compreendida como a proteção aos acionistas contra abusos perpetrados por aqueles que estejam em posição de controle, ainda que transitória, independentemente do número de ações detidas. Fazendo referência à obra de BULGARELLI, ADAMEK reforça este raciocínio, ponderando que: *"Minoria é o não controlador pouco importando a proporção e a espécie de sua participação societária. O termo 'minoria' assume aqui, pois, a ideia de não controlador e constitui, precisamente, uma específica* situação jurídica subjetiva de sócio diante da sociedade e dos demais membros" (*itálico* no original).[96]

Feita esta fundamental diferenciação, primeira razão é que, sem a proteção creditícia em favor dos acionistas minoritários, as companhias

---

Economics Working Paper nº 235. Janeiro de 2000. Disponível em: <http://papers.ssrn.com/paper.taf?abstract_id=204528>. Último acesso em: 19 jan. 2019.

---

94 BULGARELLI, Waldirio. *Regime Jurídico de Proteção às Minorias.* Rio de Janeiro: Renovar, 1998, pp. 33 e 40. Ideia semelhante é exposta por CLUSELLAS, Eduardo L. Gregorini. *In: La Protección de las Minorias en las Sociedades Anónimas.* Buenos Aires: Abeledo Perrot, 1959, p. 11.

95 *"Art. 116. Entende-se por acionista controlador a pessoa, natural ou jurídica, ou o grupo de pessoas vinculadas por acordo de voto, ou sob controle comum, que:*
a) é titular de direitos de sócio que lhe assegurem, de modo permanente, a maioria dos votos nas deliberações da assembleia-geral e o poder de eleger a maioria dos administradores da companhia; e
b) usa efetivamente seu poder para dirigir as atividades sociais e orientar o funcionamento dos órgãos da companhia."

96 ADAMEK, Marcelo Vieira Von. *Abuso de Minoria em Direito Societário (abuso das posições subjetivas minoritárias).* Tese de Doutorado apresentada à Faculdade de Direito da Universidade de São Paulo. Orientador: Prof. Dr. Erasmo Valladão Azevedo e Novaes França, 2010, p. 44.

teriam dificuldades em obter financiamento por meio da oferta de ações no mercado de capitais. A segunda é que os mecanismos por meio dos quais os acionistas controladores desviam para si uma quantidade desproporcional de benefícios societários geralmente envolvem decisões de investimento e políticas administrativas ineficientes.[97]

No primeiro capítulo do livro *The Anatomy of Corporate Law* (*A Anatomia do Direito Societário*), ARMOUR, HANSMANN, e KRAAKMAN reforçam a ideia acima, ao defenderem que o Direito Societário, em todos os lugares, conserva as marcas do percurso histórico por meio do qual evoluiu, refletindo a influência de correntes ideológicas e intelectuais, as quais não necessariamente são orientadas para a eficiência empresarial.[98] Os autores concluem pela existência de três forças principais que atuam na modelagem do Direito Societário e, segundo vemos, dão às normas e, por conseguinte, às sociedades a elas sujeitas, traços mais ou menos democráticos.

A primeira delas é o padrão local de propriedade acionária. Assim, a estrutura do Direito Societário é influenciada pelos padrões de propriedade acionária de cada país, os quais têm raízes em forças externas ao ordenamento jurídico. Estados Unidos e Reino Unido, por exemplo, teriam mercado caracterizado por grandes companhias com capital disperso, ao passo que as empresas dos países da Europa Continental seriam marcadas pela existência do "acionista controlador", inclusive aquelas cujos valores mobiliários são comercializados em bolsas de valores. Na Itália, por exemplo, os controladores são indivíduos ou famílias. Na França, muitas vezes, o próprio Estado. Na Alemanha, um grupo de sociedades (*Konzern*) coordenado de forma bastante próxima. Tais padrões de controle seriam consequências naturais, ao menos em parte, do Direito Societário local; por exemplo, países com legislações mais protetivas aos minoritários tenderiam a ter estruturas de controle mais dispersas. E, num sistema de retroalimentação, um número maior de investidores no mercado de capitais será fator de pressão por legislações ainda mais protetivas e consolidadoras de um sistema democrático.

Nesse sentido, o efeito inverso da primeira força idealizada por ARMOUR, HANSMANN, e KRAAKMAN, ou seja, legislações menos protetivas em países de propriedade acionária mais concentrada, também se-

97 HANSMANN, Henry; e KRAAKMAN, Reinier. Ob. cit, p. 11.

98 ARMOUR, John; HANSMANN, Henry; e KRAAKMAN, Reinier. *The Essential Elements of Corporate Law: What is Corporate Law?* Harvard John M. Olin Center for Law, Economics, and Business. Discussion Paper nº 643 7/2009. Harvard Law School, Cambridge, MA 02138. ISSN 1936-5349 (print) ISSN 1936-5357 (on-line), p. 26.

ria verdadeiro. Voltando-se ao exemplo dos Estados Unidos, uma sucessão de políticas populistas frustrou o controle familiar dos empreendimentos industriais. Já na Europa Continental, o prestígio à figura do acionista controlador pode ter relação com o intuito governamental de fomentar relações de trabalho mais duradouras e seguras, o que é facilitado pela existência de um controle concentrado da empresa.[99]

A segunda delas seria a competição (privada) internacional. Em épocas de baixas tarifas aduaneiras e consequente entrada de grandes empresas estrangeiras em mercados domésticos, a necessidade de capitalização das companhias já existentes no mercado interno cresce, gerando tolerância maior dos conglomerados econômicos com legislações que privilegiem o pequeno investidor.[100]

Por fim, a terceira força seria a coordenação (pública) internacional, cujo exemplo mais presente na atualidade é a União Europeia e seus esforços de harmonização regulatória, principalmente por meio das deliberações e diretivas da Comissão Europeia. No caso dos Estados Unidos há outro exemplo nesse sentido, porém interestadual. A Lei *Sarbanes-Oxley*, explorada pormenorizadamente abaixo, representou um exemplo de federalização de aspectos do Direito Societário estadunidense anteriormente deixados à competência dos Estados Federados, após a divulgação de fraudes societárias que lesaram investidores em todo o País (e inclusive fora dele).[101]

Com a crescente interconexão dos mercados, a segunda e a terceira forças acima descritas têm se mostrado preponderantes, gerando não apenas transformações no Direito Societário, como também conduzindo-o a uma uniformização entre os diferentes países. Não por acaso, os mencionados HANSMANN e KRAAKMAN já sugeriam o "fim da História do Direito Societário", em artigo de mesmo nome (*The End of History of Corporate Law*).[102] Para os autores, a convergência crescente de normas de Direito Societário seria um fenômeno inevitável, apesar de diferenças pontuais entre os países no que tange à cultura empresarial e estruturas de controle. Existiria um consenso normativo entre os principais países capitalistas de que os administradores de companhias deveriam agir em

99 ARMOUR, John; HANSMANN, Henry; e KRAAKMAN, Reinier. Ob. cit., p. 28.

100 *Ibidem*, p. 29.

101 *Ibidem*, p. 30.

102 HANSMANN, Henry; e KRAAKMAN, Reinier. The End of History for Corporate Law. *Yale Law School Program for Studies in Law, Economics, and Public Policy Law and Economics Working Paper* nº 235. Janeiro de 2000. Disponível em: <http://papers.ssrn.com/paper.taf?abstract_id=204528>. Último acesso em: 19 jan. 2019.

conformidade exclusiva com os interesses econômicos dos acionistas (incluindo aqueles não controladores). Tal modelo teria se tornado dominante devido ao insucesso de outros, como os orientados em favor do controle administrativo, nas décadas de 1950 e 1960 nos Estados Unidos, dos trabalhadores, como no caso alemão, ou do controle estatal, como ocorreu na França. Por fim, a hegemonia das companhias estadunidenses na batalha pelo domínio de mercados teria sido o fator decisivo para a convergência e uniformização inevitável e definitiva do Direito Societário.

Limitações à convergência seriam justamente as diferenças políticas e institucionais entre os países e, principalmente, a intensidade e manifestação dos nacionalismos, conforme exposto por PARGENDLER[103] na Seção 2.2 acima. Um exemplo dado por HANSMANN e KRAAKMAN é o da Federação Russa. Naquele país, apontam os autores, os padrões internacionalmente difundidos de estatutos sociais das companhias seriam propositadamente alterados. Expressão disso seria a adoção obrigatória do voto múltiplo, em contraste com a maioria dos países desenvolvidos. Este seria um resultado do processo singular de privatizações que se seguiu na Rússia após a dissolução da União Soviética, por meio do qual antigos trabalhadores e administradores permaneceram com parcela das participações societárias, enquanto o restante das participações passou a estar dispersa. Assim, o voto múltiplo surge como uma ferramenta para dar chance aos novos acionistas de obter representação nos órgãos administrativos, acesso à informação e alguma influência nas deliberações sociais,[104] tendo assim algum incentivo para o investimento nas companhias recém-privatizadas.

O fim da Guerra Fria legou ao mundo a predominância de regimes democráticos e de uma economia capitalista, levando alguns teóricos a afirmar estarmos diante do "fim da História"[105] – como um todo, e não apenas da história do Direito Societário. A convergência política e econômica resultou em integração cada vez mais intensa dos mercados e nas disputas por capitais entre companhias de todo o planeta, e para isso, era necessário que houvesse correspondência e previsibilidade entre as formas de se empreender nos países desta nova ordem mundial.

No mesmo sentido, o mundo assistiu à crescente predominância de um Direito Societário cada vez mais baseado em princípios democráticos ao redor do planeta, com semelhantes preocupações e proteções.

---

103 PARGENDLER, Mariana. Ob. cit., 2019.

104 HANSMANN, Henry; e KRAAKMAN, Reinier. Ob. cit., pp. 28-29.

105 FUKUYAMA, Francis. Ob. cit.

Não há que se negar, assim, que a plena democracia acionária também trouxe contradições e desafios para as empresas. Entre eles está a inexistência de grupos realmente representativos dos interesses dos acionistas, visto que a dispersão da titularidade do capital social de tais companhias inibe a formação de blocos homogêneos minimamente articulados para expressar a vontade dos acionistas nas assembleias gerais. Em decorrência disso, companhias brasileiras e estrangeiras passaram a enfrentar o problema das "*proxy fights*",[106] verdadeiras batalhas pela obtenção de procurações de acionistas travadas entre administradores, detentores de poder executivo nas sociedades anônimas, para poderem fazer suas determinações prevalecerem em sede de assembleias gerais – fenômeno explorado na Seção 2.3.2 abaixo. Nestas batalhas, diversos meios são empregados pelos administradores para a obtenção de um maior número de procurações, nem sempre dentro de padrões éticos ideais. Novamente, pode-se fazer um paralelo entre a democracia acionária e a democracia de Estado, porém do ponto de vista de uma prática nociva da democracia estatal trasladada para a democracia acionária. Afinal, não raramente os mandatários de cargos públicos utilizam a máquina estatal de forma a fornecer ou prometer benesses de quaisquer ordens a uma população em troca de votos em um novo pleito. Em muitos casos, os eleitores eventualmente cooptados nem acompanham o desempenho dos eleitos no exercício de seus cargos, seja por desinformação (no paralelo com as sociedades anônimas, o que seria verificável na ausência de "*full disclosure*") ou desinteresse (no mesmo paralelo, o que seria verificável no caso do investidor meramente especulativo).

O ganho de velocidade executiva propiciado pela dispersão acionária e resultante da consolidação do controle administrativo, contudo, pode ter um custo alto para as companhias. ROE refaz todo o percurso da experiência do controle gerencial, ao longo da segunda metade do século XX, para ilustrar este fato. A separação entre propriedade e controle, apesar de favorecer o tratamento das companhias enquanto instituições, pode levar a uma ausência de fiscalização da administração capaz de produzir resultados desastrosos. Administradores que não têm suas contas e atividades fiscalizadas por um corpo acionário atuante, e são remunerados não com base em lucros, mas em "bônus", teriam poucos incentivos para zelar pela perenidade e saúde financeira das companhias no longo prazo.

106 COMPARATO, Fábio Konder e SALOMÃO FILHO, Calixto. *O Poder de Controle na Sociedade Anônima*. 5ª ed. São Paulo: Forense, 2005, p. 72.

Exemplos mais recentes disso seriam os escândalos de "*insider trading*" envolvendo executivos nos anos 1980, o aumento exponencial do valor das remunerações de administradores das companhias abertas estadunidenses nos anos 1990 (chegando a quinhentas vezes o valor médio dos salários dos empregados de tais companhias), e o famigerado episódio "*Enron*", já no século XXI, em que administradores e auditores em conluio fraudaram demonstrações financeiras, desaguando num processo falimentar que causou enormes prejuízos a investidores e milhares de desempregados.[107]

Não por acaso, o escândalo "*Enron*" fomentou a edição da acima mencionada Lei "*Sarbanes-Oxley Act*", assinada em 30 de julho de 2002 pelo senador Paul Sarbanes (Democrata de Maryland) e pelo deputado Michael Oxley (Republicano de Ohio). A grande inovação desta lei foi a criação de regras e incentivos orientados para mitigar os conflitos internos das companhias. Com relação à formação dos conselhos de administração, por exemplo, a lei passou a exigir conselheiros independentes em maioria (exceto para companhias controladas por outras que os tenham). Estabeleceu critérios mais objetivos para a verificação de independência, passando a excluir da categoria de "independentes" em relação a determinada companhia todos os profissionais que tenham sido empregados de tal companhia nos últimos três anos, que tenham parentes próximos como empregados na companhia e até aqueles engajados em entidades beneficentes receptoras de doações da companhia.[108]

Dessa forma, legislações modernas acabam por "impor" a democracia no interior das companhias, o que naturalmente parece uma contradição em termos.

Todos os pontos de vista citados nesta Seção, mas em especial o de ROE, fortalecem a posição que aqui se objetiva sustentar: a persecução de um ideal de democracia acionária está relacionada à constante busca pela eficiência, com atenção à eliminação ou resolução de conflitos de interesse, mitigação da assimetria de informação e superação dos custos de transação. Como bem pontua POUND: "*Corporate*

---

107 ROE, Mark J. A Inevitável Instabilidade da Governança Corporativa Norte-Americana. *Revista de Direito Mercantil, Industrial, Econômico e Financeiro*. São Paulo: Malheiros, out./dez. 2005, pp. 10-14.

108 CLARK, Robert Charles. Corporate Governance Changes in the Wake of the Sarbanes-Oxley Act: A Morality Tale for Policymakers Too. 5 de dezembro de 2005. *Harvard Law and Economics Discussion Paper* nº 525. Disponível em: <https://ssrn.com/abstract=808244>. Acesso em: 3 out. 2017.

Governance is not, at its core, about power; it is about finding ways to ensure that decisions are made effectively"[109] ("*a governança corporativa não é, em sua essência, sobre poder; é sobre encontrar meios de assegurar que as decisões sejam tomadas de forma efetiva*").[110] Assim, um regime jurídico a fomentar a democracia acionária não deveria limitar excessivamente os mecanismos decisórios a serem implementados nas sociedades, mas apenas estabelecer os limites para a elaboração de "*designs*" societários, resguardando direitos essenciais de todos os "*stakeholders*". O risco seria de os juristas invadirem uma seara na qual têm maior competência o empresariado, os órgãos de autorregulação, os teóricos das ciências econômicas e o próprio mercado.

A efetividade na tomada de decisões tenderá a ser maior na medida em que, no momento constitutivo e na manifestação da sua vocação externa das sociedades, explicada abaixo, o empresário tenha a liberdade de organizar sua atividade produtiva da forma mais adequada aos seus negócios e, no decorrer da existência das sociedades e no seu plano interno, impere um regime democrático.

2.3.1. O princípio majoritário e a democracia

Esta Seção será o local de análise do princípio majoritário, regente do funcionamento de grande parte das democracias representativas ao redor do mundo.

Segundo KELSEN, é o "*princípio de maioria simples que assegura o mais alto grau possível de liberdade política em uma sociedade*", uma vez que permite a conformidade entre a vontade individual e a vontade coletiva. Isto é, todos os cidadãos, pressuposta a igualdade entre eles, têm a mesma pretensão de que a vontade coletiva coincida com suas vontades individuais, e têm o mesmo valor político. Assim, o princípio da maioria simples, em contraposição ao da maioria absoluta, impede que uma minoria de indivíduos vete modificações da ordem vigente e, consequentemente, esta ordem esteja em desacordo com um número de indivíduos maior do que aquele dos que com ela concordam. Conclui o

---

109 POUND, John. The Promise of the Governed Corporation. *Harvard Business Review on Corporate Governance*, 2000. Disponível em <https://hbr.org/1995/03/the-promise-of-the-governed-corporation>. Último acesso em: 24 fev. 2020.

110 Tradução livre.

autor dizendo que o grau de liberdade de uma sociedade é proporcional ao número de indivíduos - politicamente - livres.[111]

Adotando uma perspectiva aristotélica, exposta na Seção 2.1 acima, COMPARATO e SALOMÃO FILHO destacam que a adoção do princípio majoritário não significa o constrangimento da minoria, desde que ela aceite essa "*regra fundamental do jogo*", pressuposta a existência de unanimidade ao menos uma vez, quando da formação da sociedade.[112]

GALGANO, por sua vez, traça um longo estudo a respeito do "Princípio da maioria" mencionado por Kelsen, em sua obra *La forza del numero e la legge della ragione: Storia del principio di maggioranza*. Inicialmente, ao tratar do conceito de maioria na modernidade, o jurista italiano afirma que o poder só é legítimo se apoiado no consenso da maioria. Por isso, a luta pela maioria é, no fundo, a luta pela legitimidade, ou seja, pelo título que habilita alguém a exercer o governo do Estado ou a governança da empresa. A mudança da maioria significa, assim, a mudança de mãos do poder.[113]

O autor explica os papéis da maioria na democracia política e na democracia acionária. Na política, o conceito de maioria, modernamente, passou a exprimir um juízo apenas de quantidade, e não mais de qualidade (censitário). É inspirado no jusnaturalismo de Locke e Pufendorf no século XVII, e no iluminismo de Rousseau no século XVIII.

A afirmação do modelo majoritário ocorreu durante a Assembleia dos Estados Gerais, na França, em 1789, convocada pelo rei Luís XVI para discutir os graves problemas econômicos e sociais que assolavam o Reino. Na Assembleia, o Terceiro Estado, representado por Emmanuel Joseph Sieyés, opôs-se à antiga hierarquia no sentido de exigir que a votação fosse realizada por cabeça, e não pela atribuição de um voto a cada um dos Estados Gerais. Embora inovadora no âmbito político, não era de um ineditismo absoluto: tratava-se do princípio da maioria dos números que por mais de um século fora experimentado, contando votos burgueses e votos aristocráticos, nas assembleias da Companhia das Índias Orientais. Representantes do Terceiro Estado, sob a orientação de Sieyés, formaram uma Assembleia Nacional que proclamou o princípio da maioria numérica como "máxima incontestável", a qual seria

---

111 KELSEN, Hans. Ob. cit., pp. 67-70.

112 COMPARATO, Fábio Konder; SALOMÃO FILHO, Calixto. Ob. cit., p. 61.

113 GALGANO, Francesco. *La forza del numero e la legge della ragione: Storia del principio di maggioranza*. Bolonha (Itália): Il Mulino, 2007. Capítulo III.

posteriormente incorporada à Constituição francesa de 1791 e a várias Constituições republicanas que a sucederam. A democracia econômica experimentada pelas companhias coloniais traduzia-se, finalmente, em democracia política.

Já no aspecto econômico, apesar de a adoção do parâmetro da maioria de capital parecer plutocrática e não democrática, ela teve suas raízes também no jusnaturalismo e no iluminismo, que proclamavam, além da igualdade, a sacralidade da propriedade. Por isso, democracia passou a ser, além de igualdade, proporcionalidade.

Interessante notar que o sistema político brasileiro atual adota ora o princípio da maioria, ora um critério proporcional. Nas eleições executivas, como para a Presidência da República, vence o candidato com maior número de votos.[114] Já nas eleições para a Câmara dos Deputados, vigora método proporcional em relação à população dos Estados (ainda que com limites que causam distorções)[115] e também à representatividade dos partidos ou coligações dentro de determinada circunscrição eleitoral.[116] Não vige mais, por óbvio, o critério censitário, o qual, por outro lado, impera nas sociedades empresárias.

TELLECHEA SILVA, em ensaio sobre os fundamentos jurídicos do princípio da maioria, atribui sua aplicação no Direito Societário à peculiaridade da formação dos contratos de sociedade, que exige a unanimidade dos contratantes, o que não ocorre com o rumo das atividades desenvolvidas sob tal contrato.[117] Esta ideia de "movimento" da sociedade, cuja vontade seria constantemente formada e reformulada por maio-

---

114 Art. 77, § 2º, da Constituição Federal: "*Será considerado eleito Presidente o candidato que, registrado por partido político, obtiver a maioria absoluta de votos, não computados os em branco e os nulos*".

115 Art. 45, § 1º, da Constituição Federal: "*O número total de Deputados, bem como a representação por Estado e pelo Distrito Federal, será estabelecido por lei complementar, proporcionalmente à população, procedendo-se aos ajustes necessários, no ano anterior às eleições, para que nenhuma daquelas unidades da Federação tenha menos de oito ou mais de setenta Deputados*".

116 Art. 108 da Lei nº 4.737, de 15 de julho de 1965 (Código Eleitoral): "*Estarão eleitos, entre os candidatos registrados por um partido ou coligação que tenham obtido votos em número igual ou superior a 10% (dez por cento) do quociente eleitoral, tantos quantos o respectivo quociente partidário indicar, na ordem da votação nominal que cada um tenha recebido*".

117 SILVA, Rodrigo Tellechea. *Sociedades anônimas fechadas:* direitos individuais dos acionistas e cláusula compromissória estatutária superveniente. Tese de Doutorado apresentada à Faculdade de Direito da Universidade de São Paulo. Orientador: Prof. Dr. Erasmo Valladão Azevedo e Novaes França. 2015, p. 195.

rias cambiantes, é corroborada por GUERREIRO. Segundo o autor, tais movimentos formadores e alteradores da maioria são o fato a permitir o efetivo funcionamento das sociedades:[118]

> *O princípio formou-se historicamente como exceção das regras arcaicas relativas às relações de* plures ut singuli. *Na verdade, a sociedade anônima, tanto quanto a comunhão – e isso sem falar nas demais sociedades comerciais –, não pode simplesmente funcionar sem a transformação prática da maioria deliberante em força tendente a unificar as relações internas das pessoas jurídicas. Mas essa unificação, no plano interior da pessoa jurídica, torna-se imprescindível para a ela conferir, no plano externo, a eficácia das deliberações coletivas, como sujeito de direitos e obrigações.* [...] *Natural, assim, que a lei sancione o exercício do poder majoritário (e bem assim o poder de controle) com as consequências advindas das práticas excessivas, ilícitas ou abusivas. A maioria somente se legitima quando orientada para a função de ordenação da pessoa jurídica e quando seu exercício se dê, sempre e inevitavelmente, no sentido do interesse social.*

Infere-se, aqui, o mesmo efeito para as democracias modernas, em que a alternância de maiorias e, assim, governos, age como mola propulsora do desenvolvimento, dando margem a correções de políticas e aprimoramentos do sistema.

Para COELHO, no entanto, o paralelo entre a estrutura política do Estado e a organização das sociedades anônimas, como se redutíveis a princípios como o "democrático", não se sustenta. Isto porque, nas sociedades anônimas, assim como em outras organizações humanas, a vontade da maioria não é – e nem poderia ser – o fator fundamental estruturante, tendo em vista a necessidade de um guia qualificado, em nome do atingimento de seus objetivos (como ocorre num hospital ou exército, por exemplo). No caso das sociedades, a eficiência deveria ser atingida não pela "democracia", mas pelo profissionalismo na gestão, por exemplo. A última palavra nas deliberações sociais sempre caberá ao investidor que detiver mais numerosos direitos de voto – geralmente, aquele que tiver aportado maior valor de capital à sociedade e, assim, assumido o maior risco do negócio. Não haveria que se falar em democracia, pois não vigora a regra de que a cada acionista cabe um voto, como ocorre entre os cooperados numa cooperativa. E esta seria uma questão de justiça.[119] O controlador, ao abrir mão de parte de seu

118 GUERREIRO, José Alexandre Tavares. Direito de retirada: um limite ao princípio majoritário na sociedade anônima. *In: Revista de Direito Mercantil, Industrial, Financeiro e Econômico*, nº 151/152. Dezembro de 2019, pp. 13-21, pp. 13-14.

119 COELHO, Fábio Ulhôa. "Democratização" das Relações entre os Acionistas. *In: Po-*

poder, não estaria adequando a sociedade ao padrão político estatal, mas apenas buscando reequilibrar a relação entre assunção de risco e poder de comando, o que hoje é praticamente uma exigência para a viabilidade da captação de recursos no mercado acionário.[120]

Propõe-se aqui, no entanto, uma perspectiva diversa. A democracia no plano político e constitucional não se limita à possibilidade de cada cidadão depositar em urnas um voto de valor igual ao dos demais em pleitos periódicos. Em outras palavras, o "sufrágio universal", consagrado pelo art. 14 da Constituição Federal de 1988,[121] não é o único critério que atesta a existência de um Estado democrático. São notórias as ditaduras em que o sufrágio universal existe. Para ficar num único exemplo, podemos mencionar a atual ditadura venezuelana, na qual regularmente são realizadas eleições - quase sempre marcadas por fraudes e violência, como foi o caso do pleito para a formação da Assembleia Nacional Constituinte, em julho de 2017.[122] Isto sem falar nos recentes escândalos de corrupção brasileiros, que demonstraram a influência do poder econômico sobre o poder político, ou seja, o condão do dinheiro de impulsionar campanhas eleitorais e arrebanhar milhões de votos. Seria esta influência muito distante da realidade de uma companhia em que um acionista controlador pode impor suas decisões por força do número de ações de que é titular?

A democracia inclui não apenas o fundamental direito de voto, mas também um sistema de poderes independentes e harmônicos,[123] equilibrados por um conjunto de freios e contrapesos (*checks and balances*), suportados por instituições que funcionem sob o império da lei, da impessoalidade, da publicidade e da eficiência. Democracia pressupõe também a existência de canais de participação popular na esfera cívica, e a proteção de direitos fundamentais por órgãos jurisdicionais atuantes

der de Controle e Outros Temas de Direito Societário e Mercado de Capitais. CASTRO, Rodrigo R. Monteiro de; AZEVEDO, Luís André N. de Moura (coord.). São Paulo: Quartier Latin, 2010, pp. 46-49.

120 *Ibidem*, pp. 52-53.

121 *"Art. 14. A soberania popular será exercida pelo sufrágio universal e pelo voto direto e secreto, com valor igual para todos [...]".*

122 BBC Brasil. *Empresa aponta 'manipulação' em eleições na Venezuela.* 2 de agosto de 2017. Disponível em: <http://www.bbc.com/portuguese/internacional-40807344>. Acesso em: 3 out. 2017.

123 Tal como, no plano estatal, estabelece o art. 2º da Constituição Federal de 1988: *"Art. 2º São Poderes da União, independentes e harmônicos entre si, o Legislativo, o Executivo e o Judiciário".*

com base no princípio contramajoritário, ou seja, que impeçam o sufocamento de minorias pela imposição de regras ou valores por parte da maioria.

Nesse sentido, a democracia societária deve ser alcançada não pela mera atribuição numericamente equitativa de votos a cada acionista em assembleia geral, mitigada ainda mais pela permissão à criação de uma ou mais classes de ações ordinárias com atribuição de voto plural por sociedades anônimas brasileiras no Brasil por meio da adoção do art. 110-A da Lei das Sociedades por Ações (com base na Lei nº 14.195/21). Esta visão seria simplória e encerraria qualquer chance de se falar em sociedades anônimas democráticas. Trata-se de um exercício muito mais complexo, qual seja incluir no processo decisório das sociedades todas as partes legitimamente interessadas nele. Este é o "passo mais importante" para POUND. Segundo o autor estadunidense, a primeira providência para a existência de uma empresa devidamente "governada" é envolver administradores e acionistas na tomada de decisões. Assim como o sistema político democrático não pode funcionar sem o envolvimento dos cidadãos, o sistema decisório societário não funciona sem o envolvimento e a devida informação de três grupos críticos: conselheiros, diretores e acionistas. As contribuições de acionistas e conselheiros aos diretores evitam a tomada de decisões equivocadas e a ocorrência de "falsos consensos" ao fomentarem o debate. Com isso, pode-se dizer que a sociedade passa a ser democraticamente *"governada"*, e não simplesmente *"administrada"*, visto que todas as três instâncias que a constituem possuem voz ativa.[124]

2.3.2. Controle gerencial

Em passagens anteriores, foi mencionado o "controle gerencial", fenômeno verificado na realidade societária que aparentemente dificulta a realização de políticas concretas com base no interesse majoritário. Via de regra, vale a vontade dos administradores eleitos, sem compromisso com a intenção presente e preponderante dos acionistas. Há de se compreender se o controle gerencial é compatível ou representa uma ameaça ao estado de democracia acionária.

Como já exposto, a civilização ocidental atual é praticamente toda governada por democracias e assistiu ao surgimento da chamada "economia de mercado", a qual só é viável sob o regime democrático

---

124 POUND, John. Ob. cit., pp. 90-91.

protetor da livre-iniciativa, que permitiu o desenvolvimento das "macroempresas institucionalizadas" - em expressão utilizada por LAMY FILHO e BULHÕES PEDREIRA[125] semelhante ao termo empregado por COMPARATO[126] - de capital disperso e controle administrativo ou gerencial. Esta modalidade de controle societário é definida por BERLE e MEANS na obra *The Modern Corporation and Private Property*, em que pioneiramente foi estudada a separação entre propriedade e controle. COMPARATO e SALOMÃO FILHO, recuperando a lição dos comercialistas estadunidenses, explicam que esta forma de controle, numa escala crescente que considera os controles totalitário, majoritário, minoritário e administrativo, é aquela em que se manifesta em maior grau a separação entre propriedade e controle. Segundo os autores brasileiros, trata-se do controle exercido em complexa desconexão com a titularidade das ações, em que os administradores tornam-se os controladores da sociedade na prática, "*transformando-se num órgão social que se autoperpetua por cooptação*".[127] Assim, os acionistas, verdadeiros detentores do poder - tal como os cidadãos numa democracia - restam absolutamente alienados da definição dos rumos da organização que integram.

Nesse sentido, explica COMPARATO que cabe ao órgão diretivo (e não à Assembleia de Acionistas) a função de declarar o interesse social. Os órgãos diretivos exercem uma função que emana da lei (função legal), com poderes próprios de administração e de representação orgânica e que não podem ser usurpados por outros órgãos e nem mesmo pela assembleia de acionistas. "*O princípio atualmente em vigor parece análogo ao da distribuição de competências num Estado Federal, com a atribuição de todos os poderes aos diretores, com exceção daqueles expressamente reservados à assembleia*".[128] Esta proposição desafia o já mencionado princípio do Estado brasileiro, constante do art. 1º, § 1º, da Constituição Federal de 1988: "*Todo o poder emana do povo*".

Visão semelhante à de COMPARATO é expressa por RIPERT. Em sua obra *Aspectos Jurídicos do Capitalismo Moderno*, o jurista francês afirma que as companhias não são "Estados dentro do Estado", por não terem território nem gozarem de soberania, mas ainda assim imitam a forma de um Estado democrático, tal como explorado acima. No plano intras-

---

125 LAMY FILHO, Alfredo (em coautoria com BULHÕES PEDREIRA, José Luiz). Ob. cit. (1997).

126 COMPARATO. Ob. cit.

127 COMPARATO, Fábio Konder; SALOMÃO FILHO, Calixto. Ob. cit., p. 71.

128 COMPARATO. Ob. cit., pp. 46-48.

societário, expressão soberana da companhia idealmente se exerceria por meio da assembleia geral, com o exercício efetivo do poder (limitado às normas legais cogentes). O mandato dos administradores seria análogo ao disciplinado pelo Direito Público, no sentido de que eles deveriam representar os interesses de todos os acionistas, e não exclusivamente daqueles cujos votos os elegeram.[129]

Entretanto, prossegue RIPERT caracterizando esta mecânica como uma ilusão criada para fazer os acionistas acreditarem serem os detentores do poder e donos absolutos das companhias. Na realidade, pelo modo como ocorrem as deliberações, as votações em assembleia seriam muito mais uma cega aprovação de decisões previamente tomadas pelo conselho de administração do que efetivamente materialização de vontades surgidas no seio do corpo acionário. A própria denominação "assembleia geral" seria falaciosa, na medida em que raramente se logra reunir a totalidade dos acionistas e, ainda nos casos em que isso se faz possível, os acionistas não detêm o profundo conhecimento sobre as matérias colocadas em votação, nem conhecem os candidatos a cargos da administração. Assim, os acionistas se fiam nos administradores. O regime democrático das sociedades resulta no triunfo de uma pequena minoria de capitalistas. A democracia, então, se converte em plutocracia.[130]

Diante desse cenário, RIPERT explica a existência de tentativas legislativas para reverter a indiferença dos acionistas, sem sucesso. A alternativa foi defender os acionistas dos ataques aos seus direitos, por meio da imposição de sanções aos infratores.

Detectados os riscos suscitados pelo controle gerencial ao ideal de democracia acionária, cumpre entender suas causas.

Segundo GUERREIRO, o controle administrativo e o aumento do poder gerencial resultam da coleta de procurações outorgadas por acionistas, por parte de administradores de companhias. São as já mencionadas *proxy fights*. A tomada do controle societário com apelo a este mecanismo consistiria numa espécie de dominação burocrática, a qual deturpa e coloca em risco o modelo legal e a organização formal das companhias. Com este fenômeno, percebe-se que é possível que o poder seja emanado pelos acionistas apenas em princípio.

---

129 RIPERT, Georges. *Aspectos Jurídicos do Capitalismo Moderno.* Tradução de Gilda G. de Azevedo. Rio de Janeiro: Freitas Bastos, 1947, p. 81.

130 *Ibidem*, p. 79.

Esta concepção pode mudar. As *proxy fights* geraram a necessidade urgente de regulamentação legal do pedido e da outorga de tais procurações, conferindo maior transparência a estes procedimentos e protegendo os acionistas de entregarem suas prerrogativas de voto a terceiros sem controle efetivo sobre o exercício de tal direito.

Para conter o fenômeno no Brasil, veio a ser editado o art. 126 da Lei das Sociedades por Ações e, em especial, seu § 2º.[131] Posteriormente, a Comissão de Valores Mobiliários (CVM) deu mais um passo no mesmo sentido, ao promulgar a Instrução CVM nº 561, de 7 de abril de 2015, a qual por meio de seu art. 7º inseriu o Capítulo III-A na Instrução CVM nº 481 (que dispõe sobre informações, pedidos públicos de procuração, participação e votação à distância em assembleias de acionistas), de forma a instituir entre as companhias abertas a possibilidade de exercício do direito de voto em assembleias gerais por meio do preenchimento e entrega do boletim de voto à distância.[132]

O avanço da tecnologia pode ser mais um fator a reduzir a alienação dos acionistas em relação às deliberações sociais. A existência de mecanismos instantâneos de comunicação por meio de telefones celulares, plataformas virtuais e aplicativos torna cada vez mais fácil e rápida a interação entre acionistas e administradores, possibilitando eventualmente a realização de consultas em tempo real.[133]

---

131 *"Art. 126. As pessoas presentes à assembleia deverão provar a sua qualidade de acionista, observadas as seguintes normas: [...]*
§ 1º O acionista pode ser representado na assembleia-geral por procurador constituído há menos de 1 (um) ano, que seja acionista, administrador da companhia ou advogado; na companhia aberta, o procurador pode, ainda, ser instituição financeira, cabendo ao administrador de fundos de investimento representar os condôminos.
§ 2º O pedido de procuração, mediante correspondência, ou anúncio publicado, sem prejuízo da regulamentação que, sobre o assunto vier a baixar a Comissão de Valores Mobiliários, deverá satisfazer aos seguintes requisitos:(a) conter todos os elementos informativos necessários ao exercício do voto pedido;(b) facultar ao acionista o exercício de voto contrário à decisão com indicação de outro procurador para o exercício desse voto; (c) ser dirigido a todos os titulares de ações cujos endereços constem da companhia. (Redação dada pela Lei nº 9.457, de 1997) [...]."

132 Art. 21-A, *caput*, da Instrução CVM nº 481: *"O acionista pode exercer o voto em assembleias gerais por meio do preenchimento e entrega do boletim de voto à distância".*

133 Em entrevista concedida em 20 de outubro de 2016, a Ministra do Supremo Tribunal Federal Carmen Lúcia corroborou esta opinião: *"Às vezes eu me pergunto se não estamos tendo uma grande oportunidade de passar da democracia representativa para formas de democracia direta. Quando eu dava aula, só passava para os meus alunos esse tema como um dado histórico, vindo da Grécia, onde os assuntos eram colocados em praça pública para todos poderem opinar e decidir. Agora temos uma praça virtual, podemos ter de novo uma ágora para*

A pandemia global da COVID-19, que atingiu o Brasil a partir de março de 2020, acelerou esta transformação. Devido à necessidade de manutenção de medidas de distanciamento social, foi editada a Medida Provisória nº 931, de 30 de março de 2020, convertida na Lei nº 14.030, de 28 de julho de 2020. Esta Lei introduziu o novo art. 1.080-A do Código Civil,[134] o parágrafo único do art. 121 da Lei das Sociedades por Ações[135] e o § 2-A do art. 124 da mesma lei.[136] Tais normas possibilitaram a realização de reuniões de sócios e assembleias gerais semipresenciais ou totalmente virtuais, possibilitando participação direta e em tempo real de todos os acionistas, um grande avanço inclusive em relação ao mecanismo de voto à distância anteriormente permitido para as companhias abertas. Em seguida, o Departamento de Registro Empresarial e Integração (DREI)[137] atualizou os Manuais de Registro de Sociedade Limitada e de Sociedade Anônima, respectivamente constituídos pelos Anexos IV e V da Instrução Normativa DREI nº 81, de 10 de junho de 2020, oportunidade em que disciplinou tais reuniões e assembleias e estabeleceu parâmetros técnicos objetivos para a realização dos conclaves e possibilidade de registro das atas deles resultantes. Foi um passo importante para facilitar e ampliar a participação dos sócios em

todos se manifestarem". Disponível em: <https://istoe.com.br/carmen-lucia--praca-virtual-pode-ser-nova-agora-e-ajudar-na-democracia-direta/>. Último acesso em: 27 dez. 2018.

134 *"Art. 1.080-A. O sócio poderá participar e votar a distância em reunião ou em assembleia, nos termos do regulamento do órgão competente do Poder Executivo federal. Parágrafo único. A reunião ou a assembleia poderá ser realizada de forma digital, respeitados os direitos legalmente previstos de participação e de manifestação dos sócios e os demais requisitos regulamentares."*

135 *"Parágrafo único. Nas companhias, abertas e fechadas, o acionista poderá participar e votar a distância em assembleia geral, nos termos do regulamento da Comissão de Valores Mobiliários e do órgão competente do Poder Executivo federal, respectivamente."*

136 *"§ 2º-A. Sem prejuízo do disposto no § 2º deste artigo, as companhias, abertas e fechadas, poderão realizar assembleia digital, nos termos do regulamento da Comissão de Valores Mobiliários e do órgão competente do Poder Executivo federal, respectivamente."*

137 Órgão vinculado ao Ministério da Economia, responsável por estabelecer e consolidar as normas e diretrizes gerais do Registro Público de Empresas Mercantis e solucionar dúvidas na interpretação das leis, regulamentos e demais normas relacionadas com os serviços do Registro Público de Empresas Mercantis. O regime completo de competências do DREI é dado pelo art. 4º do Decreto nº 1.800, de 30 de janeiro de 1996. Sua alocação dentro da estrutura do Governo Federal é dada pelo Decreto nº 9.679, de 2 de janeiro de 2019, com competência delimitada pelo art. 134.

processos decisórios por meio de tecnologia que já estava disponível, mas cujo uso foi forçado pela situação sanitária surpreendente e anômala.

Perspectivas e tendências à parte, resta responder à pergunta que motiva a existência desta Seção: O controle gerencial é um risco para a democracia acionária? E, em caso positivo, coloca em risco a perpetuidade das companhias e a própria economia de mercado?

Este, talvez, seja o prisma sob o qual a qualificação "acionária" do conceito de democracia ora estudado tenha o maior distanciamento em relação ao aplicado à esfera política.

Isto porque a cidadania pressupõe uma relação de "pertencimento", ao passo que a titularidade societária pressupõe uma relação de "propriedade". Assim, enquanto a alienação entre a vontade popular e os atos executivos minam gradativamente a legitimidade da organização estatal, a separação entre propriedade e controle acionários não seria danosa às sociedades empresárias e ao mercado de capitais desde que a administração-controladora aja dentro dos limites estabelecidos nos atos constitutivos (ou seja, postos pelos proprietários originais do capital social), gerando lucros e eficiência para os sócios e comunidades em que se inserem, e preservando os direitos fundamentais dos acionistas (estudados detidamente na Seção 2.5 abaixo).

Esta posição é corroborada por EASTERBROOK e FISCHEL. Tais autores tratam da discussão doutrinária a respeito do "controle" exercido por administradores, cujo remédio seria o Direito Societário e a regulação do mercado de capitais. Tomando como parâmetro as companhias abertas, expõem a nefasta situação de administradores armados de conhecimento profundo sobre os negócios sociais com capacidade de enganar investidores e obter benefícios pessoais. Concluem que os limites para a atuação nociva dos administradores não estão calcados na liberdade de contratar. O *charter* social seria, na melhor das hipóteses, um contrato de adesão. A preocupação existente é não transformar o remédio no veneno por conta de dosagem exagerada; ou seja, não permitir que uma regulação extremamente severa restrinja demasiadamente a capacidade de captação de investimento das companhias.[138]

Sobre o fator "eficiência", é inegável que o controle gerencial seja caracterizado por maior agilidade decisória, ou, como chamada na Seção 2.3 acima, "velocidade executiva". Mercados compostos por companhias

138 EASTERBROOK, Frank H. ; FISCHEL, Daniel R. *The Economic Structure of Corporate Law.* United States: Harvard University Press, 1998 (fourth printing), p. 1.

mais ágeis na esfera deliberativa terão maior volume de negócios e serão, assim, mais robustos.

CASTRO reflete sobre a suposta correlação entre mercados mais competitivos e maior incidência do modelo de controle gerencial nas companhias. Isto se daria pela maior agilidade decisória dos órgãos de administração se comparados à assembleia geral. Acrescenta-se, obviamente, como razão, a ausência de barreiras organizacionais entre os tomadores e os executores das decisões.[139]

A própria Organização para a Cooperação e Desenvolvimento Econômico (OCDE), em sua publicação *Princípios da Governança Corporativa* (objeto de estudo do Capítulo 4) afirma que o fator da eficiência deve estar presente na formulação das regras societárias e compatibilizado com o princípio democrático estabelecido como base para a regência decisória das companhias:

> *A estrutura de governança das sociedades deve ser desenvolvida tendo em mente o seu impacto no desempenho econômico global, na integridade do mercado e nos incentivos que cria para os participantes do mercado e na promoção de mercados transparentes e funcionais.*[140]

Em artigo orientado a investigar se o Direito Societário deve ser "eficiente" (*Should Corporate Law Be Efficient?*), KÜBLER opina que a eficiência só pode ser avaliada por meio da análise do sistema como um todo, o qual se baseia em condições políticas preestabelecidas e, assim, segue lógicas próprias de desenvolvimento. Como exemplos, o autor cita o modelo alemão, forjado no âmbito de um cenário político social-democrata, cuja consequência foi um Direito Societário atento à harmonização de interesses de investidores, credores e empregados. Não por acaso, arrola entre suas regras uma considerável dose de normas cogentes. Por fim, para evitar o êxodo de companhias, adota a teoria de que a nacionalidade da empresa é o local onde funciona sua administração (*seat theory*). Por outro lado, o modelo estadunidense é voltado para o mercado. Consequentemente, a maior parte das regras

---

139 CASTRO, Rodrigo Rocha Monteiro de. *Controle Gerencial.* São Paulo: Quartier Latin, 2010, p. 202.

140 Organização para a Cooperação e Desenvolvimento Econômico (OCDE). *G20/ OECD Principles of Corporate Governance.* Setembro de 2015, p. 14. Disponível em: <https://www.oecd.org/daf/ca/Corporate-Governance-Principles-ENG.pdf>. Acesso em: 13 out. 2017. No original: "*The corporate governance framework should be developed with a view to its impact on overall economic performance, market integrity and the incentives it creates for market participants and the promotion of transparent and well-functioning markets.*"

societárias é dispositiva e pode ser estabelecida nos atos constitutivos privados, o principal protegido é o investidor, e o domicílio das companhias é o local de registro (permitindo o aproveitamento de vantagens ou incentivos dados por diferentes Estados, aos quais compete legislar sobre Direito Societário).[141]

Não que se defenda, aqui, o controle gerencial como a melhor alternativa para o governo das sociedades empresárias. Objetiva-se, apenas, estudar o fenômeno tão comum em países de mercados de capitais mais pujantes e com maior incidência de companhias de capital pulverizado, para desfazer contradição possivelmente aventada sobre a existência de sociedades sem um acionista controlador, mas autocraticamente comandadas por administradores que conservam o poder decisório aproveitando-se da ausência de um proprietário presente e vigilante. Esta contradição pode chegar a existir, em algum caso concreto, mas se devidamente coibida pela legislação societária, não ameaçará a democracia acionária.

Por isso, a busca pela eficiência empresarial não pode prescindir de um ambiente de proteção aos investidores e acionistas minoritários. Caso tal ambiente não exista, toda a ideia do financiamento popular ao empreendedorismo privado fica ameaçada.

É esta zona cinzenta, entre os polos da máxima eficiência sem nenhum traço democrático e da democracia plena em detrimento do desempenho empresarial, que o intérprete do Direito Societário deve explorar na busca de um ponto ótimo capaz de fomentar o funcionamento de companhias lucrativas e, ao mesmo tempo, seguras para a absorção da poupança popular.

2.4. Direitos e garantias fundamentais dos sócios

Todo o estudo sobre a democracia acionária empreendido até este ponto deixa claro que sua existência não depende necessariamente da igualdade quantitativa de direitos de voto entre todos os sócios individualmente considerados ou do perfeito reflexo entre a soma das vontades do corpo acionário no exercício do poder administrativo. Depende, primordialmente, da participação dos acionistas no processo decisório, do exercício do poder fiscalizatório e da proteção contra abusos de

141 KÜBLER, Friedrich. Should Corporate Law Be Efficient? *In: Temas Essenciais de Direito Empresarial:* estudos em homenagem a Modesto Carvalhosa. KUYVEN, Luiz Fernando Martins (coord.). São Paulo: Saraiva, 2012, pp. 607-616; p. 612.

controladores e executivos. Em relação a este último ponto, significa dizer ser necessária a adoção de regras claras de prevenção e combate a situações de abuso de poder de controle motivadas por deliberações tomadas em conflito de interesses. Em suma, a existência da democracia acionária passa pelo respeito a determinadas garantias fundamentais dos acionistas.

O conceito dos direitos ou garantias fundamentais – tal como o de democracia – advém da Teoria Geral do Direito e do Direito Constitucional e pode ser adaptado à realidade societária.

ALEXY entende os direitos fundamentais como direitos subjetivos, divididos entre "direitos a algo", liberdades e competências. Como a "liberdade" (jurídica, conforme delimitada pelo autor) é categoria de direitos fundamentais intrinsecamente ligada à ideia de "alternativas de ação" e ausência de obstáculos à ação[142] do cidadão em sua vida diária, a qual não se relaciona com a condição de "sócio" no âmbito das sociedades empresárias, não nos aprofundaremos em sua análise.

Por outro lado, os "direitos a algo" podem servir, de determinadas maneiras, para a análise de determinados direitos atribuídos aos acionistas em decorrência da titularidade de ações. Para o autor, tais direitos têm um caráter "relacional", ou seja, existem para um titular em face de outrem. Ainda, dividem-se entre direitos a ações negativas, incluindo o não embaraço de ações, não afetação de características e não eliminação de posições jurídicas, e ações positivas, sejam fáticas ou normativas.[143] Nesse ponto, aproximam-se do ideal de "direitos fundamentais" que poderiam ser atribuídos a um acionista. Ou seja, da legítima expectativa de que o acionista terá, em face da sociedade que integra e dos demais acionistas, proteção das prerrogativas e exercício das faculdades conferidos pelas ações das quais é titular.

O mesmo pode ser dito no caso das "competências" enquanto formadoras de uma classe de direitos fundamentais. Para ALEXY, competências são "ações institucionais" que alteram situações jurídicas. A alteração de situações jurídicas seria possível meramente em razão de capacidades naturais e, por isso, os direitos fundamentais são diferenciados como sendo ações institucionais, ou seja, fundadas em regras cons-

---

142 ALEXY, Robert. *Teoria dos Direitos Fundamentais*. São Paulo: Malheiros, 2011. Tradução de Virgílio Afonso da Silva da 5ª edição alemã (*Theorie der Grundrechte*) publicada pela Suhrkamp Verlag, 2006, p. 222.

143 *Ibidem*, pp. 193-203.

titutivas. Segundo o jurista, existem tanto as competências do cidadão, as quais serão mais numerosas conforme mais individualista for a teoria dos direitos fundamentais adotada, quanto as do Estado (ou de seus órgãos). No caso das competências do Estado, importam para o estudo dos direitos fundamentais as normas de "não competência", que implicam a "não sujeição" do cidadão.[144] Novamente, como se verá adiante, o paralelo é possível no caso dos direitos essenciais dos acionistas, exercíveis em suas defesas na forma de ações tomadas no âmbito organizacional e fundamentadas num contrato ou estatuto social.

Ingressando na seara estritamente societária, COUTINHO afirma que se aplica à formação dos atos constitutivos o princípio da legalidade no âmbito do Direito Privado, segundo o qual tudo o que não é expressamente vedado por lei resta permitido, conforme será aprofundado na Seção 2.5 abaixo. Exatamente por isso, a própria Lei das Sociedades por Ações estabelece um rol de restrições obrigatórias à liberdade e criatividade dos acionistas reunidos em assembleias gerais de constituição de companhias. Assim, o estatuto social não pode impedir um grupo de acionistas de participar dos lucros sociais e do acervo da companhia (em caso de liquidação), fiscalizar a gestão dos negócios sociais e exercer direito de preferência para a subscrição de valores mobiliários de emissão da companhia, nos termos da lei. É o que se materializa no art. 109 da Lei das Sociedades por Ações.[145]

Em suma, a Lei das Sociedades por Ações tem o intuito de evitar que sejam tolhidos dos acionistas minoritários seus direitos mais básicos e essenciais. Não seria exagero defender que esta preocupação tenha sido transposta do plano constitucional ao ordenamento societário. O art. 60,

144 ALEXY, Robert. Ob.cit., pp. 239, 247 e 248.

145 *"Art. 109. Nem o estatuto social nem a assembleia-geral poderão privar o acionista dos direitos de:*
I - participar dos lucros sociais;
II - participar do acervo da companhia, em caso de liquidação;
III - fiscalizar, na forma prevista nesta Lei, a gestão dos negócios sociais;
IV - preferência para a subscrição de ações, partes beneficiárias conversíveis em ações, debêntures conversíveis em ações e bônus de subscrição, observado o disposto nos artigos 171 e 172;
V - retirar-se da sociedade nos casos previstos nesta Lei.
§ 1º As ações de cada classe conferirão iguais direitos aos seus titulares.
§ 2º Os meios, processos ou ações que a lei confere ao acionista para assegurar os seus direitos não podem ser elididos pelo estatuto ou pela assembléia-geral.
§ 3º O estatuto da sociedade pode estabelecer que as divergências entre os acionistas e a companhia, ou entre os acionistas controladores e os acionistas minoritários, poderão ser solucionadas mediante arbitragem, nos termos em que especificar."

§ 4º, da Carta Magna[146] proíbe quaisquer alterações constitucionais tendentes a abolir direitos e garantias individuais.

Assim, tanto no plano privado e societário quanto na esfera pública e constitucional, existe a preocupação de se preservar as mais básicas garantias dos indivíduos submetidos ao *charter* (ou, da perspectiva constitucional explorada por ALEXY, às "regras constitutivas"). Cada cláusula dos atos constitutivos das sociedades comerciais deve passar por uma avaliação de legitimidade, à qual presta grande auxílio a teoria dos direitos fundamentais e a eficácia horizontal de tais direitos no contexto pressuposto da liberdade estatutária. O *charter*, seja societário ou estatal, se sobrepõe, de maneira impessoal, às relações de poder e subordinação que podem naturalmente surgir entre seres humanos convivendo em sociedade.

Uma vez oficializada a constituição regente de determinada organização, esta ganha vida e dinâmica próprias, no âmbito das quais surgem permanentes disputas pelo poder decisório. Tais disputas dão origem a acordos dos quais nem sempre participam todos aqueles submetidos aos seus resultados. Num ambiente de democracia, política ou societária, necessário então compreender a natureza de tais acordos, a influência deles sobre minorias e as formas de se evitar a atuação dos detentores do poder em situações de conflito de interesses.

Motivados por essa concepção, determinados autores exploram inclusive a aplicabilidade da teoria dos direitos fundamentais às pessoas jurídicas, como MORAES.[147] COUTINHO defende a mesma ideia, mencionando como direitos fundamentais de titularidade da companhia a livre-iniciativa, o direito de propriedade, o direito de livre associação, entre outros.[148] No entanto, o próprio autor ressalva a impossibilidade de sobreposição hierárquica dos direitos fundamentais da sociedade empresária – meramente "instrumentais" – aos das pessoas naturais vinculadas à atividade explorada. Em outras palavras, a realização dos direitos fundamentais das companhias somente se

---

146 *"Art. 60. A Constituição poderá ser emendada mediante proposta:* [...]
§ 4º Não será objeto de deliberação a proposta de emenda tendente a abolir:
[...]
IV – os direitos e garantias individuais".

147 MORAES, Alexandre de. *Direito Constitucional*. São Paulo: Atlas, 1997, p. 50.

148 COUTINHO, Sérgio Mendes Botrel. *O direito das sociedades anônimas e a teoria dos direitos fundamentais*: uma proposta de leitura constitucional do direito societário. Tese (doutorado), Pontifícia Universidade Católica de Minas Gerais, Belo Horizonte, 2008. Orientador: Professor Dr. César Augusto de Castro Fiúza.

justifica se orientada à realização dos direitos fundamentais da pessoa humana.

Voltando-se ao escopo central desta Seção, objetiva-se especificar ainda mais a última afirmação do parágrafo anterior, ou seja, entender como seria possível assegurar não a realização dos direitos fundamentais de pessoas naturais em geral, mas sim dos direitos fundamentais dos acionistas sob tal qualidade.

Apesar de outros direitos serem elegíveis, em sede de argumentação, ao rol dos direitos fundamentais dos acionistas, trabalhar-se-á aqui especialmente com a proteção dos sócios contra prejuízos e abusos causados por deliberações e operações societárias realizadas em situações de conflitos de interesses. Pelo próprio objeto desta Seção, está a se tratar das garantias fundamentais no sentido das salvaguardas mais básicas à disposição dos acionistas contra o abuso e o arbítrio, e não da ampla gama de direitos subjetivos inerentes à propriedade de participações acionárias.

A opção por esta delimitação é natural, à luz do conceito de democracia adaptado para a realidade societária na Seção 2.1 acima.[149] A participação no processo decisório e o acesso ao poder administrativo são as próprias características do sistema acionário democrático. Porém, contra quais riscos existiriam as "proteções" mencionadas na definição adotada, e quais seriam seus mecanismos?

Por isso, ao menos no âmbito dos direitos essenciais estabelecidos pelo art. 109 da Lei das Sociedades por Ações, não serão explorados aqui os direitos de participação no acervo da companhia em caso de liquidação, de preferência para subscrição de valores mobiliários e de retirada. Os primeiros dois são direitos dos acionistas que evitam a expropriação indevida dos valores investidos para a formação do capital. O último é mera afirmação do caráter cogente de outros dispositivos da Lei das Sociedades por Ações relacionados ao direito do acionista em se desligar da sociedade em caso de discordância de determinadas deliberações, não sendo uma ferramenta para a manutenção do regime democrático na companhia. Outros direitos que poderiam ser classificados como "fundamentais", ainda, demandam um número mínimo de

149 *"Um método, sistema ou regime de composição de interesses conforme a vontade expressa pelas maiorias, dotado de proteções e garantias fundamentais para todos seus membros e inclusive às minorias, caracterizado pela participação universal no processo decisório e pelo acesso irrestrito ao poder administrativo, seja direto ou representativo."*

acionistas para serem exercidos, como a instalação do Conselho Fiscal ou requerimento de exibição de livros.[150]

Propõe-se, portanto, um breve intervalo para tratar de dois direitos que poderiam ser aqueles "elegíveis ao rol dos direitos fundamentais dos acionistas" como mencionado acima, para expor suas características e explicar por que, para fins deste estudo, não são classificados como garantias fundamentais dos sócios.[151]

O primeiro é o direito ao recebimento de dividendos, que constitui a motivação principal do acionista ao subscrever e integralizar participações societárias. Ao disciplinar os direitos e obrigações dos sócios na parte geral do regramento societário, o Código Civil (Lei nº 10.406, de 10 de janeiro de 2002) estabelece a nulidade de cláusulas contratuais que excluam qualquer sócio da participação nos lucros e nas perdas.[152] Porém, determinados aspectos do direito do sócio ao recebimento de dividendos demonstram de maneira clara que não se trata de um direito ou garantia fundamental.

Conforme sustenta LEÃES, o direito do sócio ao dividendo é "*direito expectativo*", na medida em que depende da aferição de lucros por meio do balanço e da posterior deliberação pela assembleia geral. Assim, é necessário o recurso a indícios anteriores para que exsurja o direito ao recebimento do dividendo deliberado.[153] E mesmo este direito ao recebimento, após surgido, se trata de um direito subjetivo do acionista, ao qual o acionista pode perfeitamente renunciar, ainda que tal renúncia não seja apta a alterar a natureza da sociedade empresária e seu escopo lucrativo.[154]

EIZIRIK também entende o direito ao dividendo como "*direito expectativo*",[155] embora, diferentemente de LEÃES, julgue tal direito irrenunciável por parte do acionista, no que é acompanhado por

---

150 EIZIRIK, Nelson. *A Lei das S/A Comentada,* v. II. Artigos 80 a 137. 2ª ed. rev. ampl. São Paulo: Quartier Latin, 2015.

151 FRANÇA (Ob. cit., p. 72) cita MENGONI para explicar que os direitos individuais dos sócios constituem "*tutela do sócio contra a sociedade*". Tratam-se, a nosso ver, das verdadeiras armas das quais dispõem os "cidadãos societários", para usar a linguagem anteriormente mencionada de WIEDEMANN, para a autodefesa contra o arbítrio da organização societária.

152 "*Art. 1.008. É nula a estipulação contratual que exclua qualquer sócio de participar dos lucros e das perdas.*"

153 LEÃES. Ob. cit., pp. 312-313.

154 *Ibidem*, p. 307.

155 EIZIRIK. Ob. cit., pp. 109-110.

CARVALHOSA.[156] Por outro lado, não nega que seu exercício dependa dos resultados financeiros da companhia.[157]

Neste ponto encontram-se grandes evidências de que o direito à participação nos lucros não poderia ser classificado como direito fundamental. Em primeiro lugar, é expectativo e dependente de fatores externos, ao passo que os direitos fundamentais são autoexecutáveis e perenes. Ademais, não deveria haver nenhuma polêmica em relação à sua renunciabilidade, se de fato fosse compreendido como um direito fundamental.

Necessário frisar que não há oposição, aqui, à classificação deste direito como um direito *essencial* à condição de acionista. Evidentemente, seria ilícita qualquer ação da administração da companhia ou de acionistas controladores no sentido de tolher de qualquer acionista seu direito ao recebimento de dividendos, e é nesse sentido que o entendemos como essencial. No entanto, por sua dependência de fatores externos e possibilidade de renúncia, almeja-se diferenciá-lo, única e exclusivamente, apesar do inciso I do *caput* do art. 109 da Lei das Sociedades por Ações, da categoria de *garantia fundamental* da forma como explicada por ALEXY.

O segundo é o direito ao voto. Se a participação universal no processo decisório é parte integrante da definição de democracia e, assim, um direito fundamental dos sócios, como admitir a emissão e circulação de títulos de participação societária sem direito a voto?

A resposta a esta questão encontra fundamento similar à da pergunta tratada acima. O direito do acionista ao voto também deve ser entendido como um direito subjetivo, em linha com as teorias constitucionalistas acima citadas, tal como o direito ao recebimento dos dividendos. Conforme observa FRANÇA, ao diferenciar o voto enquanto direito subjetivo do voto enquanto instrumento para realização do interesse social, trata-se, em última análise, de um poder concedido para a tutela de interesse próprio.[158] E, enquanto direito subjetivo, é uma faculdade, exercível ou não, a depender do interesse do próprio acionista. O argumento chega à obviedade se observado o absenteísmo característico de companhias de capital aberto. Nesse sentido, é clara a distância entre o direito ao voto e os direitos e garantias fundamentais.

---

156 CARVALHOSA. Ob. cit., p. 109.

157 EIZIRIK. Ob. cit., p. 110.

158 FRANÇA. Ob. cit., p. 51.

Não por acaso, a Seção 2.3.1 acima defende que a própria democracia acionária não é alicerçada na igualdade de poder de voto entre os acionistas, e o próprio art. 109 da Lei das Sociedades por Ações não coloca o direito de voto como um direito essencial do acionista, mas apenas a igualdade de direitos entre acionistas de mesma classe.

Voltemos, assim, à análise do abuso de poder de controle motivada por conflitos de interesses e as medidas para evitá-los, as quais consistem em garantias fundamentais dos acionistas. Para tanto, necessário identificar as características dos acordos que levam ao fenômeno associativo empresarial para então entender os conflitos que deles se originam.

BOBBIO já comparava os acordos políticos aos acordos privados. Segundo o autor, os acordos políticos são "informais", na medida em que não são regulados por lei. Para tais acordos, no entanto, também valeriam algumas regras aplicáveis ao estabelecimento, modificação e extinção dos acordos políticos; notadamente, em relação à execução dos contratos em boa-fé, aos vícios do consentimento e à dissolução dos contratos.[159]

O autor italiano prossegue em sua comparação, recorrendo à classificação dos contratos entre aqueles bilaterais e aqueles plurilaterais para explicar os acordos políticos. Os acordos do "*mercado político*" (entre cada partido e seus eleitores) assemelhar-se-iam mais aos primeiros, enquanto os do "*grande mercado*" (entre os partidos) seriam mais próximos dos segundos. Nos acordos entre cada partido e seus eleitores, cada parte assume um polo distinto, tal como "comprador" e "vendedor" ou "representante" e "representado". Nos acordos entre os partidos, todos figuram como "sócios" de um mesmo contrato plurilateral.

Nos primeiros, formadores de relações comutativas, as duas partes têm objetivos diversos, mas um interesse comum, qual seja o de alcançar uma troca. Já nos segundos, formadores de relações societárias, as diversas partes têm interesses diversos, mas um objetivo comum, qual seja o objeto social.[160]

159 BOBBIO. Ob. cit., p. 137.

160 Finaliza BOBBIO explicando que enquanto no acordo constitutivo da "troca" política as respectivas prestações são claras, no acordo de grande mercado, do qual surgem as coalizões de governo, o objetivo comum, que é genericamente o de formar um governo e governar, é tão complexo que parece difícil e talvez inútil procurar determiná-lo. *In*: BOBBIO. Ob. cit., p. 137.

Neste ponto, a teoria política de BOBBIO encontra a teoria societária de outro jurista italiano, Tullio ASCARELLI. O último explica o fenômeno societário como resultado de um "contrato plurilateral", assim entendido pelo fato de as partes envolvidas terem interesses antagônicos (como nos contratos de troca ou permuta), ou seja, cada sócio almeja obter o máximo poder possível na condução dos negócios e obter para si a maior parcela dos lucros. Assim, atua o Direito Societário para limitar, de forma equitativa, as possíveis proporções de poder e de proventos atribuíveis a cada um dos sócios. Por outro lado, uma vez constituída a sociedade, ela favorece a todos os sócios como instrumento para a persecução de um objetivo comum. Mesmo assim, durante a existência da sociedade, os sócios podem estar motivados por fins diversos, como o de controlar a sociedade ou apenas obter valorização das ações das quais são titulares. O conflito permanente e subjacente permite que a sociedade seja compreendida como um *contrato* plurilateral, mais do que um ato complexo. A disciplina da organização interna da sociedade visa justamente a disciplinar esses contrastes.[161]

É deste conflito permanente que deriva a importância do *charter* – consubstanciado em Carta Magna ou Estatuto Social – como a única forma de tornar impessoais as regras para a regência das relações de poder e determinar garantias invioláveis salvo por uma ruptura completa com a ordem estabelecida.

COUTINHO expõe o conflito de interesses, cuja prevenção e combate são alicerces importantes na garantia dos direitos fundamentais, como algo natural e inerente à existência das companhias e à exploração da atividade empresarial, e menciona como soluções possíveis (i) a solução orgânica ou estrutural; ou (ii) a solução da regra de conflito.[162]

A primeira alternativa significaria acomodar, no âmbito dos órgãos deliberativos, todos os interessados nas ou sujeitos às deliberações tomadas. Por outro lado, a segunda consistiria na criação de normas para mitigar a ocorrência de situações de conflitos de interesses e oferecer mecanismos para resolução de tais situações.

---

161 ASCARELLI, Tullio. *Problemas das Sociedades Anônimas e Direito Comparado*. Campinas: Bookseller, 2001., pp. 376 e 377.

162 COUTINHO, Sérgio Mendes Botrel. Ob. cit., p. 150.

A própria Lei das Sociedades por Ações, como exemplifica COUTINHO, estabelece regras para a solução de conflitos. A mais elementar que se pode citar é a contida no art. 115, segundo a qual o acionista deve exercer seu direito de voto no interesse da companhia, abstendo-se de votar caso a deliberação em questão possa causar para si algum tipo de vantagem pessoal.[163]

Sobre a regra de conflito de interesses, vale destacar a opinião de FRANÇA, segundo a qual o conceito de "conflito de interesses" adotado pelo art. 115 da Lei das Sociedades por Ações é muito mais amplo do que o de um mero conflito "formal", pois, ao estar relacionado a danos causados à companhia ou a outros acionistas (ou seja, contra um interesse comum), não estaria restrito a uma posição de contraste entre partes, como num contrato.[164] Além disso, não seria possível admitir o conflito formal na era dos grandes grupos empresariais, nos quais sociedades controladoras (*holdings*) costumeiramente precisam deliberar contra os interesses das suas controladas ou coligadas[165] em nome dos negócios do grupo. Por fim, o autor recorda que a própria Lei das Sociedades por Ações permite o voto em posição conflitante, desde que o negócio aprovado seja celebrado em condições equitativas.[166] Esta posição, mais atenta ao conflito "material", torna a tarefa de desenho da regra de conflito de interesses muito mais complexa, pois insta cada companhia a empreender uma profunda reflexão sobre quais as

---

163 *"Art. 115. O acionista deve exercer o direito a voto no interesse da companhia; considerar-se-á abusivo o voto exercido com o fim de causar dano à companhia ou a outros acionistas, ou de obter, para si ou para outrem, vantagem a que não faz jus e de que resulte, ou possa resultar, prejuízo para a companhia ou para outros acionistas."*

164 FRANÇA, Erasmo Valladão Azevedo e Novaes. *Conflito de interesses nas assembleias de S/A*. São Paulo: Malheiros Editores, pp. 98-100.

165 Art. 243, §§ 1º e 2º da Lei das Sociedades Anônimas: "*§ 1º São coligadas as sociedades nas quais a investidora tenha influência significativa. § 2º Considera-se controlada a sociedade na qual a controladora, diretamente ou através de outras controladas, é titular de direitos de sócio que lhe assegurem, de modo permanente, preponderância nas deliberações sociais e o poder de eleger a maioria dos administradores. [...] § 5º É presumida influência significativa quando a investidora for titular de 20% (vinte por cento) ou mais dos votos conferidos pelo capital da investida, sem controlá-la*".

166 Art. 117 da Lei das Sociedades Anônimas. "*O acionista controlador responde pelos danos causados por atos praticados com abuso de poder. § 1º São modalidades de exercício abusivo de poder: [...] (f) contratar com a companhia, diretamente ou através de outrem, ou de sociedade na qual tenha interesse, em condições de favorecimento ou não equitativas*".

possibilidades de conflito de interesses substanciais às suas atividades e liames societários, sem a guarida de uma regra geral.

Com o objetivo de prevenir e tornar autoexecutável a solução dos conflitos de interesses, doutrina e legisladores desenvolveram e implementaram no regramento societário os deveres fiduciários, tratados em maior profundidade na seção 2.4.1 a seguir, atribuíveis a administradores mas também extensíveis ao acionista controlador no caso de operações em que este seja interessado. Tais deveres estão positivados nos artigos 153 a 157 da Lei das Sociedades por Ações, e são inspirados nos deveres de diligência ("*duty of care*") e de lealdade ("*duty of loyalty*") lapidados pelas cortes do Estado de Delaware, Estados Unidos da América.

O dever de cuidado seria suprido em relação aos negócios realizados pela sociedade, admitindo a análise de tais negócios conforme a "*business judgement rule*" – o campo de ação discricionário dos administradores – no caso de uma ação (excluindo-se condutas omissivas), devidamente informada, de boa-fé e na ausência de conflitos.

Já o dever de lealdade, conforme desenvolvido pelas cortes de Delaware, exige que o acionista controlador demonstre ou possa demonstrar que os negócios da sociedade em relação aos quais tenha votado favoravelmente sejam "justos", do ponto de vista de preço e da dinâmica negocial, para a sociedade.[167]

Nesse sentido, estabelecidas de forma clara as características dos direitos e garantias fundamentais para fins da manutenção da democracia acionária, resta a conclusão que eles se materializam pela correta e eficiente aplicação dos impedimentos e penalidades previstos pelos §§ 3º e 4º do art. 115 da Lei das Sociedades por Ações.[168] E que o vigor

167 EISENBERG, Melvin A. Ob. cit. Pp. 744 a 761 (Smith v. Van Gorkom, a respeito do dever de diligência). P. 934 (a respeito do dever de lealdade).

168 A regra de conflito de interesses é estabelecida pelo art. 115 da Lei das Sociedades Anônimas:
"Art. 115. O acionista deve exercer o direito a voto no interesse da companhia; considerar-se-á abusivo o voto exercido com o fim de causar dano à companhia ou a outros acionistas, ou de obter, para si ou para outrem, vantagem a que não faz jus e de que resulte, ou possa resultar, prejuízo para a companhia ou para outros acionistas. (Redação dada pela Lei nº 10.303, de 2001)
§ 1º O acionista não poderá votar nas deliberações da assembleia-geral relativas ao laudo de avaliação de bens com que concorrer para a formação do capital social e à aprovação de suas contas como administrador, nem em quaisquer outras que

democrático no âmbito de cada companhia será proporcional à qualidade e eficiência das regras que a própria companhia estabelecer em seus atos constitutivos para prevenir e combater situações de abuso do poder de controle e/ou do poder administrativo.

A importância da edição de boas regras de conflitos de interesses é a chave para se evitar o locupletamento de uma pessoa ou grupo de pessoas com base num patrimônio pertencente a uma coletividade, seja o patrimônio social, formado voluntariamente a partir dos esforços de um grupo de sócios, ou o patrimônio público, construído com base nos tributos gerados pelo trabalho de todos os cidadãos.

Mais ousado ainda do que quaisquer sugestões *de lege ferenda* para mitigar a ocorrência e criar soluções para as situações de conflitos de interesses, seria sugerir mecanismos para propiciar que a concorrência pelo capital oriundo da poupança popular entre as companhias seja balizada não apenas por expectativas de retorno, mas também por suas estruturas de governança. Esta é a origem, por exemplo, do Novo Mercado, segmento de listagem especial da B3, sobre o qual se discorre no Capítulo 4.

Combinados às regras de conflitos de interesses, de orientação proibitivo-omissiva, devem estar mecanismos capazes de possibilitar a participação ativa de minoritários nas companhias e de cidadãos na esfera pública, como forma de autotutela de tais grupos.

Compreendido o fenômeno dos conflitos de interesses e os mecanismos para evitá-los, conclui-se a presente Seção com uma proposta ainda mais arrojada do que simplesmente garantir os direitos

---

puderem beneficiá-lo de modo particular, ou em que tiver interesse conflitante com o da companhia.

§ 2º Se todos os subscritores forem condôminos de bem com que concorreram para a formação do capital social, poderão aprovar o laudo, sem prejuízo da responsabilidade de que trata o § 6º do artigo 8º.

§ 3º O acionista responde pelos danos causados pelo exercício abusivo do direito de voto, ainda que seu voto não haja prevalecido.

§ 4º A deliberação tomada em decorrência do voto de acionista que tem interesse conflitante com o da companhia é anulável; o acionista responderá pelos danos causados e será obrigado a transferir para a companhia as vantagens que tiver auferido.".

essenciais da minoria acionária, formulada por SALOMÃO FILHO.[169] A ideia seria estabelecer mecanismos para o comportamento cooperativo dos acionistas de uma sociedade anônima. O autor divide tais mecanismos em duas classes: (i) mecanismos internos; e (ii) mecanismos externos. Entre os primeiros, é possível mencionar soluções estruturais ou organizativas, como a implementação de órgãos de ouvidoria junto às instâncias deliberativas ou a celebração de acordos de acionistas que exijam a consideração dos interesses dos minoritários para a tomada de determinadas decisões. Ou, ainda, o estabelecimento de regras claras para a verificação do conflito de interesses material por parte do acionista controlador. Entre os segundos, mormente aplicáveis às companhias abertas, destaca-se o combate à assimetria de informação, o que pode ser realizado por meio da certificação das empresas por auditores independentes.

Tais sugestões são notáveis e ideais para a realidade acionária, embora ainda demandem implementação. Assim, opta-se aqui por mencioná-las a título de recomendação e tendência, sem explorá-las em profundidade e com a expectativa que investigações acadêmicas futuras sobre o tema possam estudá-las como práticas positivadas no Direito pátrio.

2.4.1. Contratualismo e institucionalismo

Toda a discussão acerca de um ambiente de democracia acionária – e, mais ainda, da tutela de direitos e garantias fundamentais dos acionistas – tem como suporte necessário a concepção das companhias como entidades institucionais, superiores e impessoais em relação às figuras individuais de seus sócios. Afinal, mediante a visão da sociedade empresária como mero contrato sinalagmático, não caberia falar no fomento a um ambiente democrático nem da existência de situações de conflitos de interesses. Valeria a mera autonomia da vontade e observância do Direito das Obrigações. Assim, analisar-se-á nesta Seção a dualidade entre as visões contratualista e institucionalista e os efeitos da aplicação de ambas as teorias sobre a hipótese em comento.

Para ilustrar a ascensão da visão institucionalista, FRANÇA defende a crescente integração entre institutos de Direito Público e Direito Privado na disciplina societária e menciona a denominação do Direito Societário como "*Direito Constitucional da Economia*" por importantes

---

169 SALOMÃO FILHO, Calixto. Ob. cit., p. 60-71.

juristas.[170] O autor, então, concilia as visões contratualista e institucionalista tornando ambas válidas, a depender do ponto de vista do observador. Olhando-se a sociedade anônima de fora e, assim, sua relação com a comunidade e a economia, prevaleceria a visão institucionalista. Olhando a sociedade anônima de dentro, sob o ângulo dos sócios, estaria posicionado o pesquisador contratualista.[171]

O movimento observado acima por FRANÇA ganhou força no segundo quartil do Século XX, quando se desenvolveram no mundo diversas correntes institucionalistas que influenciaram definitivamente o Direito Societário. Conforme citação de John Maynard Keynes exposta por CARVALHOSA, a grande companhia tenderia a "socializar-se por si mesma", com os administradores reconhecendo-se como titulares de deveres para com a empresa e comunidade em geral, e não apenas gestores dos fundos sociais por conta dos acionistas.[172] Ou seja, a despeito de os teóricos não aceitarem a atribuição de poderes quase absolutos aos administradores, compreenderam a necessidade de a "macroempresa" (na terminologia empregada por COMPARATO)[173] reconhecer a existência de um interesse social superior à soma dos interesses individuais de seus acionistas, bem como de sua natureza orgânica, segundo a qual cada órgão seria dotado de competências privativas, as quais não podem ser, sob nenhuma hipótese, avocadas ou usurpadas por outros órgãos, ainda que a vontade majoritária dos sócios se manifeste nesse sentido.[174]

Exemplos de manifestações trazidas por CARVALHOSA da afirmação da teoria institucionalista ao longo do Século XX são Edwin Merick DODD, nos Estados Unidos, contrapondo-se ao contratualismo de Adolf Augustus BERLE Jr., Jean PAILLUSSEAU, na França, e Lorenzo MOSSA, na

---

170 FRANÇA. Ob. cit., p. 56.

171 *Ibidem*, p. 58.

172 CARVALHOSA. Ob. cit., p. 556.

173 COMPARATO, Fábio Konder. *Aspectos Jurídicos da Macroempresa.* São Paulo: Revista dos Tribunais, 1970.

174 Exemplos presentes em nossa Lei das Sociedades por Ações, entre outros, são: (i) as competências privativas da assembleia geral previstas em seu art. 122, tais como a reforma do estatuto social (em consonância com a ideia do *charter* como criação coletiva dos acionistas); e (ii) a competência privativa dos diretores para representar a companhia (art. 138, § 1º). Existem também casos de competências concorrentes entre diferentes órgãos, como para deliberar sobre aumentos de capital da companhia, a qual pode caber tanto à assembleia geral, quanto ao conselho de administração, conforme o caso (art. 166).

Itália.[175] Em transcrição de lição do último, fica evidente a orientação da doutrina institucionalista e seu caráter organizacional:

> *A sociedade não é senão uma organização formal da empresa. De um lado, é sua forma jurídica, porque a empresa nas sociedades comerciais reveste-se das formas particulares determinadas por elas. De outro lado, a sociedade é um aglomerado ou um complexo de pessoas, de órgãos, de modos jurídicos, nos quais se articula a grande empresa para o seu funcionamento e para a sua responsabilidade. Na verdade, pode conceber-se, sem esforço, a empresa de tal modo fundida com a sociedade, que não cabe mais fazer-se uma distinção entre elas.*[176]

Ao estudar o "interesse social", SALOMÃO FILHO faz interessante análise sobre as teorias institucionalista e contratualista. O contratualismo clássico define o interesse social como o interesse dos sócios, atuais ou futuros. Para a vertente que aceita o interesse dos sócios futuros como componente do interesse social, está admitida implicitamente como uma variação teórica a relevância da preservação da empresa.[177] O contratualismo moderno, desenvolvido tendo em vista a incompatibilidade evidente entre o contratualismo clássico e o mercado de capitais, pressupõe como objetivo da empresa a maximização do valor das ações detidas pelos acionistas acarretando uma busca desenfreada e nociva pelo aumento de valor e engessando o desenvolvimento do Direito Societário. Apenas nesse ponto, argumenta o autor, ganha sentido o nome do artigo *The End of History of Corporate Law*, explorado na Seção 2.3, numa crítica aos que propugnam o fim da evolução da legislação acionária.[178]

Tratando o institucionalismo como "solução" aos dilemas do contratualismo, o autor recupera as raízes alemãs da teoria, por meio das ideias de Walther RATHENAU, em especial da valorização dos órgãos da administração como única instância neutra apta a defender o interesse empresarial. Foram as ideias de RATHENAU – a teoria da "empresa em

---

175 CARVALHOSA. Ob. cit., p. 556.

176 MOSSA, Lorenzo. *Società per azioni*, Padova, 1957, p. 68 e ss. *apud* CARVALHOSA. Ob. cit., p. 556.

177 SALOMÃO FILHO, Calixto. Ob. cit., pp. 28-29. O autor ainda traz como pedra fundamental da teoria institucionalista o célebre artigo de Alberto Asquini intitulado *I battelli del Reno*, in *Rivista dele Societá*, 1959, no qual a provocação inicial é uma frase atribuída ao administrador de uma entidade acionista da Companhia de Navegação do Rio Reno segundo a qual "*o objetivo da sociedade não seria distribuir lucros aos acionistas, mas sim fazer navegar seus barcos sobre o Reno*".

178 *Ibidem*, pp. 31-32.

si" – responsáveis pelo suporte teórico da legislação alemã estudada na Seção 2.2.1 acima. Tratava-se de um ramo precursor da corrente institucionalista que, contraposta ao contratualismo, enxergava a empresa como um centro de interesses a extrapolar os pactos firmados entre os sócios fundadores, refletindo-se em diferentes papéis e responsabilidades para os administradores. Foi o que se refletiu, como visto acima, na legislação societária de 1937. Nas décadas seguintes, a teoria entrou em declínio, tendo como consequência o reforço do papel da assembleia geral pela lei acionária de 1965. Mesmo assim, não se pode ignorar os mecanismos de participação operária surgidos neste ínterim.[179]

GELTER explica que a emergência do institucionalismo como uma nova visão do Direito Societário ocorreu nos dois lados do Oceano Atlântico, mas com motivações diferentes.[180] Nos Estados Unidos, país em que se presenciava o fenômeno da dispersão acionária e do já explicado controle gerencial, a preocupação maior era a proteção do corpo acionário em relação a abusos cometidos pelos administradores. Já na Europa, os teóricos do institucionalismo tinham como orientação a proteção dos acionistas minoritários e os chamados "*stakeholders*" dos perigos criados pela concentração do controle acionário.

Fazendo breve síntese a respeito da teoria institucionalista, o autor explica que o contratualismo coloca, em última análise, os acionistas como donos de ativos e partes numa transação entre si; logo, a companhia deveria perseguir os interesses deles. Por outro lado, as teorias institucionalistas entendem as companhias como entidades emancipadas em relação aos interesses de seus acionistas, o que torna mais simples justificar as limitações sobre o poder dos acionistas e enfatizar os interesses de todos aqueles afetados pela ou relacionados à atividade da empresa.[181]

Nos Estados Unidos, as ideias de DODD tinham por essência o desafio ao controle gerencial (*managerial power*), por sua falta de legitimidade e pelo risco de os administradores utilizarem a propriedade alheia sem fiscalização em proveito próprio. Exemplo interessante dos debates travados entre DODD e BERLE são os respectivos artigos

---

179 SALOMÃO FILHO, Ob. cit., pp. 34-37

180 GELTER, Martin. Taming or Protecting the Modern Corporation? Shareholder-Stakeholder Debates in a Comparative Light. *Fordham Law Legal Studies Research Paper* nº 1669444; *ECGI – Law Working Paper* nº 165/2010; *NYU Journal of Law & Business*, v. 7, Issue. 2, 2011, pp. 646 a 649. Disponível em: <https://ssrn.com/abstract=1669444>. Acesso em: 22 maio 2019.

181 *Ibidem*, p. 667.

For Whom Are Managers Trustees? (*Para quem os administradores são fiduciários?*, em tradução livre), e *For Whom Corporate Managers Are Trustees: A Note* (*Para quem os administradores são fiduciários?: Um Comentário*, em tradução livre).[182]

Em essência, DODD comparava os administradores a agentes ou mandatários dos acionistas, atribuindo a eles todos os deveres fiduciários aplicáveis a tais funções. Assim, discordava da defesa feita por BERLE a respeito da supremacia dos acionistas, por meio de "*uma visão da sociedade empresária como uma instituição econômica que teria uma função social bem como a função de gerar lucros*".[183] DODD entendia que o propósito adequado da empresa (e, portanto, dos administradores) não seria restrito a gerar dinheiro para os acionistas, mas também incluía a criação de mais e melhores empregos, produtos de maior qualidade aos consumidores e contribuições ao bem-estar da sociedade em geral.[184] Num contexto de liberdade política e econômica, a teoria foi incorporada ao ordenamento justamente pelo amplo campo de atuação, conexão com a poupança popular e geração de empregos, transcendendo, nas palavras de CARVALHOSA, "*uma visão meramente privatista em seu papel socioeconômico*".[185]

Já BERLE enxergava os acionistas como os únicos beneficiários na relação fiduciária mantida com os administradores. Na esteira de seu estudo sobre a separação entre propriedade e controle, que desaguou na célebre obra *The Modern Corporation and Private Property*, tinha como grande preocupação a proteção dos acionistas (e não de quaisquer terceiros) frente o poder dos gestores. Assim, em sua resposta a DODD, BERLE argumenta que, se os deveres fiduciários dos administradores

---

182 A palavra "fiduciário" foi utilizada para traduzir livremente o termo *trustee* tendo em vista ser o *trust* instituto de direito anglo-saxônico e não haver termo mais preciso para tal tradução no vernáculo. Apesar de o *trust* não ser reconhecido pelos países de tradição jurídica romano-germânica, interessante notar a opinião de SALOMÃO NETO, segundo a qual a construção de diversas regras de conduta aplicáveis aos administradores (e acionistas controladores) de sociedades por ações pelo direito brasileiro teria sido influenciada pelos deveres aplicáveis aos *trustees* pela *Common Law*, em especial, os deveres de diligência, de lealdade e de abstenção de conflito de interesses. *In:* SALOMÃO NETO, Eduardo. *O Trust e o Direito Brasileiro.* São Paulo: Trevisan Editora, 2016. Capítulo 5.

183 No original, "*a view of the business corporation as an economic institution which has a social service as well as a profit-making function.*"

184 DODD Jr., E. Merrick. *For Whom Are Managers Trustees?* 45 Harv. L. Rev. 1145, 1160-62 (1931).

185 CARVALHOSA. Ob. cit., p. 557.

para com acionistas são enfraquecidos ou eliminados, o exercício do poder de controle pelos próprios acionistas se torna absoluto. Nesse sentido, os *stakeholders* já estariam protegidos pela teoria da supremacia do interesse dos acionistas. BERLE conclui o argumento com um desafio, afirmando que a visão da empresa como existente para o exclusivo fim de gerar lucros aos sócios somente poderia ser abandonada quando os contrários a ela oferecessem uma alternativa clara e eficaz de atribuição de responsabilidades para outrem.[186-187]

Por sua vez, o institucionalismo francês foi maturado num ambiente amigável ao dirigismo estatal e à supremacia do *intérêt social* (o "interesse social"), um parâmetro para a revisão judicial das deliberações assembleares e decisões dos administradores.[188] Assim como na Alemanha, mecanismos de voto múltiplo e maiorias acionárias voláteis criavam dificuldades para a administração das companhias abertas. Com o afastamento dos acionistas das posições de controle, Georges RIPERT, em obra mencionada na Seção 2.3.2 acima, comparou a posição dos acionistas das grandes companhias à posição dos credores, tendo em vista sua passividade em relação às determinações dos administradores.[189]

Porém, o institucionalismo atinge seu apogeu na França sob o magistério de Jean PAILLUSSEAU, responsável pelo desenvolvimento da teoria do "interesse social", na esteira dos escritos de Claude CHAMPAUD. O autor concordou com a existência do fenômeno do declínio dos poderes, na prática, das assembleias gerais, mas atribuiu isto não apenas ao absenteísmo dos acionistas minoritários. Em realidade, aproveitando-se do fato de terem ampla representação nos órgãos administrativos, grandes blocos de acionistas controladores conseguiam moldar as propostas da administração para a assembleia geral e, assim, impor suas vontades sobre o restante do corpo acionário. Enfim, PAILLUSSEAU consagra o entendimento de que os interesses da companhia não se confundem com os interesses dos sócios.[190]

---

186 BERLE Jr., A.A. *For Whom Corporate Managers Are Trustees:* A Note. 45 Harv. L. Rev. 1365, 1367-68, 1372, 1931, p. 1367.

187 Posteriormente, BERLE chegou a admitir que a teoria de Dodd teria prevalecido, In: BERLE Jr., A. A. *Foreword to Edward S. Mason Rt Al., The Corporation In Modern Society* ix, xii (Edward S. Mason ed., 1959).

188 GELTER, Martin. Ob. cit., p. 705.

189 *Ibidem,* p. 706.

190 *Ibidem,* pp. 708-709.

O avanço do institucionalismo francês teve como importante fator a evolução prévia da legislação societária. Ilustrativamente, sob o Governo de Vichy (1940-1944), marcado por sua postura colaboracionista em relação à Alemanha Nazista, a França editou o Decreto-Lei de 8 de agosto de 1935 com o objetivo de defender a moeda e evitar a especulação mobiliária e, para isso, estabeleceu diversas regras de conduta para os administradores (sob pena de sanções criminais, inclusive), com base no "interesse social". Além disso, legislação reformista de 1943 tornou obrigatória a ocupação dos cargos de presidente da diretoria e presidente do conselho de administração das companhias pela mesma pessoa (o que só foi revertido em 2011), num movimento que a doutrina entende como uma adaptação do *Führerprinzip* para o direito francês.[191]

Retornando-se para o estudo do institucionalismo na Alemanha, onde encontram-se suas raízes fomentadas pelo acima mencionado RATHENAU, a teoria da "empresa em si" tinha como missão proteger a empresa dos seus próprios acionistas, por mais contraditória (e absurda do ponto de vista contratualista) que esta noção possa parecer. Num cenário de concentração acionária semelhante ao francês, a ideia dos teóricos alemães era criar condições para a perpetuação da macroempresa (principalmente combatendo os acionistas especuladores), e menos proteger minoritários. Exemplo de RATHENAU trazido por GELTER é uma possível deliberação dos acionistas do *Deutsche Bank*, maior banco alemão, de liquidar a companhia, caso isso fosse financeiramente vantajoso. Tal decisão, para evitar a quebra do sistema financeiro nacional, deveria necessariamente sofrer a intervenção governamental,[192] algo inadmissível se entendida a sociedade como contrato entre os sócios. Afinal, qualquer contrato, ainda que sujeito à incidência de penalidades, pode ser rescindido ou resilido.

Dessa forma, na Alemanha, o institucionalismo foi um caminho para restringir o poder dos acionistas (e não dos administradores, como nos Estados Unidos da América) e conflitos entre blocos acionários. Na já estudada legislação societária alemã de 1937, foi usado para firmar na lei a supremacia do "interesse público". Na de 1965, como base teórica para a transferência de poderes à administração como forma de evitar a tomada de decisão baseada apenas na valorização das ações. Em todo o

191 GELTER, Martin. Ob. cit., pp. 710-711.

192 *Ibidem*, pp. 680-681.

caso, GELTER avalia que a influência da teoria na legislação alemã contemporânea é limitada.[193]

Assim, a teoria institucionalista reconheceu a complexidade organizacional da grande companhia contemporânea e a multiplicidade de interesses envolvidos com sua atuação a serem tutelados. Como se percebe, diversos princípios criados no seio do desenvolvimento do institucionalismo foram incorporados a legislações comerciais pelo mundo.

Esta expressão ocorreu também na legislação pátria, como exemplificado pela distribuição de competências da Lei das Sociedades por Ações e pela construção de seu art. 115, explorada na Seção anterior. Não por acaso, conclui-se esta Seção com a retomada da lição de FRANÇA, para quem a Lei das Sociedades por Ações adotou a ideia de um interesse social superior ao dos sócios, como um limite funcional ao exercício do direito de voto, sob pena deste ser considerado abusivo, em tratamento isonômico a todos os acionistas.[194]

Resta saber se a tão almejada preservação do interesse social e, por conseguinte, o impedimento de abusos e consolidação da democracia entre os sócios, os quais demandam mecanismos de previsibilidade e controle, permite algum grau de liberdade aos empresários para a formação de estruturas adequadas às atividades que se propõem a empreender.

2.5. Organização empresarial e livre-iniciativa, eficiência e democracia

O princípio constitucional da livre-iniciativa garante aos empreendedores brasileiros a possibilidade de se aventurarem em quaisquer ramos econômicos que tenham objeto lícito.[195] E, nessa empreitada, podem os empresários inovar e criar novos processos produtivos e formas de organização e capitalização, de maneira a obter vantagens competitivas e prosperar em concorrência com outros atores do mercado. A pergunta natural à luz do percurso até aqui empreendido é se a liberdade de organização empresarial é compatível com o ideal de democracia acionária.

---

193 GELTER, Martin. Ob. cit., pp. 703-704.

194 FRANÇA. Ob. cit., p. 72.

195 O art. 104 do Código Civil coloca como um dos requisitos de validade do negócio jurídico "*objeto lícito, possível, determinado ou determinável*", além de "*agente capaz*" e "*forma prescrita ou não defesa em lei*".

Em primeiro lugar, cumpre esclarecer que, apesar da regência da atividade empresarial pelo princípio da livre-iniciativa,[196] não é facultado aos empresários criar *ex novo* as estruturas internas das sociedades por meio das quais desempenharão suas atividades. Diferentemente da disciplina contratual, que permite a atipicidade dos contratos, a disciplina societária é baseada no princípio da tipicidade.[197] Só é permitido à sociedade empresária assumir uma das formas prescritas em lei e, consequentemente, todos os mecanismos decisórios legalmente estabelecidos para tal forma. O postulado teórico que justifica a positivação deste princípio no ordenamento jurídico brasileiro é o fato de criar segurança jurídica a terceiros com os quais as sociedades contratam, e dar estabilidade ao sistema capitalista, que tem na empresa sua célula básica. Nas palavras de PELA:

> [...] *as sociedades constituem, sob o ponto de vista econômico, verdadeiros veículos para a eficiente alocação de bens no mercado e, como tais, postam-se como vértice de reiteradas e diversas relações jurídicas com outros agentes de mercado que não conhecem e não tem o ônus de conhecer eventuais arranjos atípicos que os sócios tenham decidido inserir no contrato ou estatuto social.*[198]

Dentro destas premissas, não haveria alguma forma de compatibilizar o princípio da livre-iniciativa e a democracia acionária, permitindo a cada empresário criar organizações empresariais mais adequadas aos objetivos sociais, mas ainda assim preservando a previsibilidade e as proteções individuais dos sócios?

Conforme o intuito propositivo desta obra, cabe estudar qual a dimensão deste espaço de criação, considerando o objetivo do empresário de gerar organizações com máxima eficiência, e o objetivo do legislador

---

196 Na lição de FORGIONI a livre-iniciativa é a garantia constitucional aos agentes econômicos de ingresso ao mercado, à *arena de disputas. In:* FORGIONI, Paula. A evolução do direito comercial brasileiro. Da mercancia ao mercado. 3ª ed. São Paulo: RT, 2016. Capítulo 1 – pp. 29-73, Capítulo 3, p. 145.

197 As sociedades devem obedecer ao princípio da tipicidade conforme o art. 983 do Código Civil: *"Art. 983. A sociedade empresária deve constituir-se segundo um dos tipos regulados nos arts. 1.039 a 1.092; a sociedade simples pode constituir-se de conformidade com um desses tipos, e, não o fazendo, subordina-se às normas que lhe são próprias"*. Já os contratos podem ser atípicos, conforme o art. 425 do mesmo Código Civil: *"Art. 425. É lícito às partes estipular contratos atípicos, observadas as normas gerais fixadas neste Código"*.

198 PELA, Juliana Krueger. *As Golden Shares no Direito Brasileiro*. São Paulo: Quartier Latin, 2012, p. 109.

(isento) de tutelar todos os interesses envolvidos e equilibrar as forças dentro das sociedades empresárias, promovendo o ambiente de democracia acionária. Por fim, a meta do intérprete e do acadêmico deve ser analisar este complexo de forças e sugerir as transformações que o tornem tão harmônico quanto possível.

No Brasil, revogado dispositivo do Código Comercial de 1850 estabelecia o conteúdo dos atos constitutivos das sociedades comerciais.[199] Já no caso das sociedades civis, valiam as previsões da Lei nº 6.015, de 31 de dezembro de 1973 (Lei de Registros Públicos).[200] Os estatutos sociais das sociedades anônimas, por força do art. 83 da Lei das Sociedades Anônimas, devem "*satisfazer a todos os requisitos exigidos para os contratos das sociedades mercantis em geral e aos peculiares às companhias*". Atualmente, no caso das sociedades simples e limitadas, o art. 997 do

---

199 "*Art. 302. A escritura, ou seja pública ou particular, deve conter:*
1 - Os nomes, naturalidade e domicílios dos sócios.
2 - Sendo sociedade com firma, a firma por que a sociedade há de ser conhecida.
3 - Os nomes dos sócios que podem usar da firma social ou gerir em nome da sociedade; na falta desta declaração, entende-se que todos os sócios podem usar da firma social e gerir em nome da sociedade.
4 - Designação específica do objeto da sociedade, da quota com que cada um dos sócios entra para o capital (artigo nº 287), e da parte que há de ter nos lucros e nas perdas.
5 - A forma da nomeação dos árbitros para juízes das dúvidas sociais.
6 - Não sendo a sociedade por tempo indeterminado, as épocas em que há de começar e acabar, e a forma da sua liquidação e partilha (artigo nº 344).
7 - Todas as mais cláusulas e condições necessárias para se determinarem com precisão os direitos e obrigações dos sócios entre si, e para com terceiro.
Toda a cláusula ou condição oculta, contrária às cláusulas ou condições contidas no instrumento ostensivo do contrato, é nula."

200 "*Art. 120. O registro das sociedades, fundações e partidos políticos consistirá na declaração, feita em livro, pelo oficial, do número de ordem, da data da apresentação e da espécie do ato constitutivo, com as seguintes indicações:*
I - a denominação, o fundo social, quando houver, os fins e a sede da associação ou fundação, bem como o tempo de sua duração;
II - o modo por que se administra e representa a sociedade, ativa e passivamente, judicial e extrajudicialmente;
III - se o estatuto, o contrato ou o compromisso é reformável, no tocante à administração, e de que modo;
IV - se os membros respondem ou não, subsidiariamente, pelas obrigações sociais;
V - as condições de extinção da pessoa jurídica e nesse caso o destino do seu patrimônio;
VI - os nomes dos fundadores ou instituidores e dos membros da diretoria, provisória ou definitiva, com indicação da nacionalidade, estado civil e profissão de cada um, bem como o nome e residência do apresentante dos exemplares. [...]."

Código Civil brasileiro estabelece os elementos essenciais a serem mencionados no contrato social.

COUTINHO reforça o fato de o acréscimo de cláusulas além do mínimo legal aos atos constitutivos das sociedades empresárias ser essencial para regular relações intra e extrassocietárias, e variar "*de acordo com a necessidade e criatividade dos fundadores, acionistas e administradores (normalmente assessorados por especialistas)*".[201] Entre os acréscimos possíveis, e mais comuns, estão as previsões a respeito de exclusão de sócio, a cláusula penal aplicável ao inadimplemento de obrigações no âmbito da sociedade, os critérios contábeis para apuração de haveres e cláusulas restritivas à circulação de ações ou quotas.

Assim, apesar de algumas variações que não afetam a estrutura básica das sociedades empresárias, aquelas constituídas no Brasil devem estar adequadas a um dos tipos societários previstos em lei,[202] sendo os mais adotados atualmente a sociedade por quotas de responsabilidade limitada[203] e a sociedade anônima.[204]

O princípio da tipicidade societária, conforme já destacado por TELLECHEA SILVA, também entra em aparente conflito com a autonomia privada, pilar do Direito Civil pátrio. Para o autor, "*o grande universo de atuação da autonomia privada envolve* [...] *situações de mercado nas quais existe um hiato entre os modelos negociais que satisfazem interesses das partes e os arquétipos disponibilizados pela lei, cabendo aos indivíduos estabelecer figuras contratuais não previstas ou ajustar, por meio de cláusulas atípicas, as existentes, até determinado período*".[205] Este conflito poderia ser resolvido usando-se como resposta a evolução institucio-

---

201 COUTINHO, Sérgio Mendes Botrel. Ob. cit., p. 144.

202 Conforme o art. 983 do Código Civil: "*Art. 983. A sociedade empresária deve constituir-se segundo um dos tipos regulados nos arts. 1.039 a 1.092; a sociedade simples pode constituir-se de conformidade com um desses tipos, e, não o fazendo, subordina-se às normas que lhe são próprias*". Já os contratos podem ser atípicos, conforme o art. 425 do mesmo Código Civil: "*Art. 425. É lícito às partes estipular contratos atípicos, observadas as normas gerais fixadas neste Código*".

203 Disciplinada pelos arts. 1.052 e ss. do Código Civil: "*Art. 1.052. Na sociedade limitada, a responsabilidade de cada sócio é restrita ao valor de suas quotas, mas todos respondem solidariamente pela integralização do capital social*".

204 Disciplinada pela Lei nº 6.404, de 15 de dezembro de 1976: "*Art. 1º A companhia ou sociedade anônima terá o capital dividido em ações, e a responsabilidade dos sócios ou acionistas será limitada ao preço de emissão das ações subscritas ou adquiridas*".

205 TELLECHEA SILVA, Rodrigo. *Autonomia Privada no Direito Societário*. São Paulo: Quartier Latin, 2016, p. 206.

nalista exposta na Seção 2.4.1 acima. Afastada a teoria contratualista, segundo a qual seria defensável a aplicação do princípio da atipicidade contratual,[206] é desejável que as companhias - enquanto instituições - tenham estruturas e mecanismos previsíveis, seja para proteger os acionistas delas integrantes, seja para encorajar o ingresso de novos investidores e a circulação de valores mobiliários com reduzidos custos de transação.

Prossegue TELLECHEA SILVA defendendo limites à elasticidade dos tipos societários, no esquema de forças entre o poder das partes e o ordenamento societário. Neste movimento, ajustam-se ao sistema as cláusulas atípicas em contratos societários típicos, mas não as sociedades atípicas, as quais não se qualificam como sociedades empresárias, não dispondo dos benefícios da personalidade jurídica. A rejeição às sociedades atípicas visa resguardar os elementos nucleares de cada tipo societário, como o critério de responsabilidade (limitada, ilimitada ou mista),[207] os quais permitem a terceiros a percepção correta das características fundamentais da sociedade com a qual tencionam contratar.

Sem esta clareza, não existe confiança, restando prejudicado o acesso ao capital e ao crédito. A grande dificuldade legislativa, assim, reside no vigor do ordenamento societário. E, na prática, a opção do legislador foi pela intensidade e exaustividade no regramento dos tipos societários mais relevantes (sociedades limitadas e anônimas), sendo criticável, na visão de TELLECHEA SILVA, a dose de regulação e a opção do legislador em tornar mais complexas situações simples, atribuindo caráter cogente a normas que disciplinam situações passíveis de ajustes privados.[208]

Recuperando-se o paralelo entre o processo constituinte e a formação das companhias, cada sociedade empresária também deveria ter liberdade para incrementar suas estruturas da mesma forma como cada nação deve ser livre para encontrar sua própria forma de organização, desde que atenda a certos requisitos básicos de representatividade e preservação da dignidade humana. Trata-se da liberdade de construção do "*charter*" adequado. Nesse sentido, conclui TELLECHEA SILVA pela tradução da "autonomia privada" consagrada pelo Direito Civil para "au-

---

206 Código Civil: "*Art. 425. É lícito às partes estipular contratos atípicos, observadas as normas gerais fixadas neste Código*".

207 SILVA, Rodrigo Tellechea. Ob. cit., pp. 206, 212 e 213.

208 *Ibidem.*, pp. 216-217.

tonomia estatutária" no Direito Societário.[209] A autonomia dos acionistas consistiria na liberdade de individualização de certas normas organizativas de forma adequada aos seus interesses, respeitados os limites legais. Tais limites seriam os "núcleos rígidos" de cada tipo societário,[210] de forma a preservar as bases mínimas das quais depende a higidez e solidez sistêmica da economia e o estímulo ao investimento.

Estes conflitos principiológicos e suas respectivas soluções afloram naturalmente no âmbito de um sistema político democrático e de uma economia baseada no livre mercado, dois vetores que, combinados, resultam em múltiplas finalidades consagradas pelo Direito Societário e coexistentes no ordenamento jurídico: a democracia acionária e proteção de minoritários, a proteção de credores e a segurança jurídica, a liberdade de contratar e inovar como caminho para o desenvolvimento, entre outras.

Um exemplo de como estes conflitos têm se manifestado no Brasil é a evolução da regulamentação das sociedades limitadas. Estabelecidas no País pelo Decreto nº 3.708, de 10 de janeiro de 1919, de apenas 19 artigos, foram criadas com o objetivo de introduzir no ordenamento jurídico pátrio uma forma simples, clara e flexível para a realização de negócios em sociedade. Com a revogação tácita do mencionado decreto pelo Código Civil, que unificou o regime das obrigações civis e comerciais, novas regras tornaram o regime da sociedade limitada mais rígido; por exemplo, com a imposição de diversos quóruns legais para a tomada de determinadas deliberações sociais. Ainda, por sua diferenciação em relação às sociedades anônimas, uma série de possibilidades lhes é negada pelos órgãos de registro – o que impede a eficácia de determinados atos perante terceiros[211] – e pelo Poder Judiciário, como a emissão de debêntures, que poderiam servir como fonte de financiamento, e a emissão de quotas sem valor nominal.[212] Recentemente, porém, o

---

209 SILVA, Rodrigo Tellechea. Ob. cit., p. 349 (item XIII).

210 *Ibidem.*, p. 349 (item XIV).

211 Código Civil. *"Art. 1.154. O ato sujeito a registro, ressalvadas disposições especiais da lei, não pode, antes do cumprimento das respectivas formalidades, ser oposto a terceiro, salvo prova de que este o conhecia.*
Parágrafo único. O terceiro não pode alegar ignorância, desde que cumpridas as referidas formalidades."

212 Nesse sentido, veja-se o Parecer Jurídico DNRC/COJUR/Nº 133/05. Ementa: *"RECURSO – PROVIMENTO – QUOTAS SEM VALOR NOMINAL – INADMISSIBILIDADE: Não é admissível que sociedade limitada adote na formação de seu capital quotas sem valor nominal, por entender que esta figura contraria a natureza intrínseca e o caráter estrutural das sociedades de pessoas".* Disponível em: <http://www.facil.dnrc.gov.br/pareceres/arquivos/Pa133-05.pdf>. Último acesso em: 5 jan. 2018.

Poder Executivo, por meio do Departamento de Registro Empresarial e Integração, tem buscado facilitar a adoção de mecanismos decisórios e patrimoniais pelas sociedades limitadas anteriormente aceitos apenas no âmbito das sociedades anônimas, ainda que o próprio Código Civil permita a regência supletiva das sociedades limitadas por referida lei.[213]

Esta quebra de paradigma foi obra do DREI. Por meio de sua Instrução Normativa nº 38, de 2 de março de 2017, que instituiu Manuais de Registro de Sociedades, o DREI facultou às sociedades limitadas a criação de conselho de administração,[214] além de prever expressamente a possibilidade de emissão de quotas preferenciais. Tal opção foi mantida pela acima mencionada Instrução Normativa DREI nº 81/2020, que revogou a Instrução Normativa DREI nº 38/2017, e estabeleceu por meio de seu Anexo IV um novo Manual de Registro de Sociedade Limitada.

Estas eram possibilidades há tempos vislumbradas pelos comercialistas, mas nunca postas em prática devido à recusa, que agora se mostra infundada, das Juntas Comerciais em aceitar a aplicação de institutos próprios das sociedades por ações às sociedades limitadas.

TOLEDO enfatizava, sete anos antes da nova orientação do DREI, que tanto a doutrina quanto a realidade empresarial já admitiam a possibilidade de constituição de conselho de administração por sociedades limitadas, sendo esta medida, inclusive, coerente com os princípios e práticas da governança corporativa.[215]

Por um lapso, as novas normas do DREI não expressaram a possibilidade de emissão de debêntures por sociedades limitadas. Por meio de colocação privada, as debêntures poderiam representar importante fonte de financiamento para estas sociedades. Apesar de alguns doutrinadores[216] julgarem as debêntures incompatíveis com as sociedades limitadas, cumpre notar que não há nenhuma vedação legal para a

---

213 *"Art. 1.053. A sociedade limitada rege-se, nas omissões deste Capítulo, pelas normas da sociedade simples.*
Parágrafo único. O contrato social poderá prever a regência supletiva da sociedade limitada pelas normas da sociedade anônima."

214 *"1.2.13.5. Conselho de Administração. Fica facultada a criação de Conselho de Administração na Sociedade Empresária Limitada, aplicando-se, por analogia, as regras previstas na Lei nº 6.404/76, de 15 de dezembro de 1976."*

215 TOLEDO, Paulo F. C. Salles de. As Sociedades Limitadas Podem ter Conselho de Administração? *In: Poder de Controle e Outros Temas de Direito Societário e Mercado de Capitais.* CASTRO, Rodrigo R. Monteiro de, e AZEVEDO, Luís André N. de Moura (coord.). São Paulo: Quartier Latin, 2010, p. 362.

216 Como exemplo, TEIXEIRA, Egberto Lacerda. *Das Sociedades por Quotas de Responsabilidade Limitada.* São Paulo: Quartier Latin, 2007, p. 314.

emissão destes valores mobiliários por tais sociedades,[217] mas as Juntas Comerciais resistem a aceitar registros de tais emissões.

Esta digressão em torno do regime jurídico das sociedades limitadas tem por objetivo demonstrar que muitas vezes, no âmbito do Direito Societário, algumas práticas reiteradas são sacralizadas, e o princípio da legalidade[218] tem seu sentido subvertido, pois liberdades conferidas por ausência de disciplina legal específica acabam interpretadas pelos órgãos de registro e até pelo Poder Judiciário como vedações a certas formas de organização.

Feitas estas considerações sobre a tipicidade societária e a democracia acionária, é necessário expor o motivo pelo qual se julga oportuno o esforço teórico em delimitar as fronteiras da liberdade empresarial na concepção de estruturas.

O estudo da organização empresarial, bem como a defesa da liberdade de iniciativa, deve ter como etapa obrigatória a identificação dos fatores dos quais resulta maior eficiência da atividade empresária. Isto porque a base subjetiva de toda iniciativa empreendedora, ainda que combinada com outras motivações, é o fim lucrativo. Esta proposição, objeto de combate por parte da doutrina jurídica hodierna em oposição à doutrina econômica, já era objeto dos escritos de ASCARELLI, mencionados em Seção anterior. Ao conceber a sociedade empresária como fruto de um contrato "plurilateral", o eminente jurista italiano não deixava dúvidas sobre o escopo da sociedade, passível de atingimento por meio de operações com terceiros e expresso numa soma de dinheiro. Tal soma, compartilhada entre os contratantes, seria o lucro. Nesse aspecto, a sociedade se contraporia à associação, pessoa jurídica formada com o intuito de ofertar serviços comuns para o uso e gozo de seus participantes.[219]

Assim como a inovação nos serviços e produtos disponibilizados ao mercado por determinada sociedade é um fator de sucesso da atividade empresarial, a inovação de estruturas pode ser um grande propulsor do

---

217 PESSOA, Daniel Tardelli; GUILLOT, Fabiana Fadel; VERAS, Gabriel Aragão; MARTINI, Isabela Lins. Sociedades limitadas: disfunções e necessidade de reforma. *Portal JOTA*, 25 de maio de 2017. Disponível em: <https://jota.info/colunas/coluna-do-levy-salomao/sociedades-limitadas-disfuncoes-e-necessidade-de-reforma-25052017>. Acesso em: 2 out. 2017.

218 Art. 5º, *caput*, inciso II, da Constituição Federal: "*II – ninguém será obrigado a fazer ou deixar de fazer alguma coisa senão em virtude de lei*".

219 ASCARELLI, Tullio. *Problemas das Sociedades Anônimas e Direito Comparado*. 2ª ed. São Paulo: Saraiva, 1969. pp. 277-278.

êxito empreendedor, ou, ao menos, um meio de se evitar que estruturas inadequadas sejam fator do fracasso.

Da perspectiva do Estado, oferecer flexibilidade ao empresário e proteção ao investidor, por meio de regras para a organização empresarial, é meio de propiciar eficiência e impulsionar a economia, de forma a criar renda e prosperidade para a população.

Um dos desafios no desenvolvimento propositivo da discussão sobre a liberdade para a criação das estruturas empresariais é a alta carga ideológica conferida ao debate, em grande parte por uma razão identificada por SALOMÃO FILHO. O autor discorre sobre a confusão entre forma e função das estruturas societárias, visto que existem amplas divergência e variedade de formas para a organização empresarial, o que não ocorre em relação à função. A função deveria ser qualificada em generalidade suficiente para ser aplicável a todas as estruturas. Essas, por outro lado, necessitam de flexibilidade para adaptação à função. E o elemento nuclear da função da sociedade empresária seria sua "*vocação externa*", isto é, a tutela de interesses e o controle por grupos externos à sociedade, sejam os próprios sócios (presentes ou futuros), se enxergada a questão pelo prisma contratualista, sejam todos os grupos de interesse relacionados à sociedade, como os trabalhadores, consumidores e a comunidade em que a sociedade se insere, se enxergada a questão pelo prisma institucionalista. Além do controle externo presente, exsurge outra característica decorrente da vocação externa da sociedade, qual seja a independência de sua administração, ferramenta que separa, na prática, a pessoa jurídica de seus controladores.[220]

Apenas por meio da necessária e correta adequação do fluxo decisório e dos órgãos administrativos é que se pode direcionar a atividade social à tutela de quaisquer interesses, intra ou extrassocietários. Sem tal exercício, correr-se-á o risco da tomada do controle (de fato) pelos administradores, como visto acima. Outro risco presente é o da adoção de modelos extremamente burocráticos para organizações humanas simples, ou de modelos simplistas, sem as devidas proteções, para organizações que, por seu objeto ou composição acionária, demandariam maior complexidade.

Outro desafio depreende-se da lição de KÜBLER, exposta na Seção 2.3.2 acima, pela qual constata-se a que a flexibilização de estruturas é um processo ao qual juristas e legisladores, via de regra, são avessos,

220 SALOMÃO FILHO, Calixto. Ob. cit., pp. 90-92.

por razões econômicas e psicológicas. As primeiras relacionam-se ao custo econômico acarretado por reformas capazes de alterar a racionalidade de um sistema, verificáveis apenas no longo prazo. As segundas correspondem à natural tendência humana de favorecer, ainda que irracionalmente, a manutenção de um *status quo*.[221] Conclui KÜBLER pela influência das decisões políticas sobre a formação do Direito Societário e pela dependência deste em relação à tendência humana de superestimar os custos de mudanças e subestimar os ganhos potencialmente delas oriundos. O autor ainda ressalta a habilidade de convergência (explorada na Seção 2.3 deste trabalho) e evolução do Direito Societário. Critérios de eficiência, portanto, não devem orientar os resultados a que se propõe a legislação acionária, mas devem ser seriamente considerados na análise comparativa de sistemas orientada para a realização de reformas.[222]

Se e enquanto tais reformas não forem feitas, o tratamento do conflito entre eficiência e democracia vem sendo dado de forma satisfatória pela disseminação do conceito das "boas práticas", cujo conjunto vem evoluindo para dar corpo à "governança corporativa", objeto de estudo do Capítulo 4.

Grande desafio do jurista é identificar o correto local de pouso da legislação societária em um vale margeado pela democracia acionária, de um lado, e pela eficiência empresarial, de outro, considerando a pressão exercida pelo percurso legislativo histórico e pela conformação política de cada país. Passo seguinte e em constante andamento após esta identificação é propor a reforma ininterrupta tal local de pouso, num empreendimento cujos materiais disponíveis são a legislação posta (*lege lata*), a legislação a ser criada (*lege ferenda*) e as ditas "boas práticas".

221 KÜBLER. Ob. cit., p. 613.

222 *Ibidem*, pp. 615-616.

3

Democracia Acionária no Direito Brasileiro

A Lei das Sociedades Anônimas é um caso marcante para o estudo da democracia acionária. O já quadragenário diploma legislativo surgiu durante o regime militar, num cenário político e ideológico *sui generis*, e, após algumas alterações, permanece apto a regular o funcionamento das sociedades por ações.

O legislador de 1976, responsável pela edição da Lei das Sociedades Anônimas, era o ponto focal de uma série de pressões e influências e teve de produzir, ora com base nelas e ora contra elas, uma lei capaz de atender às demandas do crescimento econômico experimentado nos anos anteriores, corresponder às expectativas de um governo dirigista e criar um ambiente propício ao investimento popular nas grandes corporações. Conforme recorda Philomeno Joaquim da COSTA, a atmosfera de imposição governamental não teria permitido uma profunda crítica sistemática ao anteprojeto da Lei das Sociedades Anônimas. O autor, então, compara os debates legislativos da época a um exercício venatório num jardim zoológico, se contraposto à caça numa reserva.[1]

Assim, a Lei das Sociedades Anônimas substituiu o Decreto-Lei nº 2.627, de 26 de setembro de 1940, que tratava da mesma matéria, fazendo uma opção pela proteção e preservação dos grandes grupos econômicos oligárquicos, mas também conferindo segurança aos pequenos e médios investidores em relação aos seus direitos na qualidade de acionistas das companhias. O processo de redemocratização política, a abertura dos mercados e as privatizações, o acesso à informação e até o desenvolvimento tecnológico foram fatores que, como se verá adiante, geraram a necessidade de mudanças e deram impulso às reformas da Lei.

Este Capítulo 3 tratará de dar concretude à discussão teórica travada nos capítulos anteriores, expondo o caso de uma legislação existente e os traços da estrutura estatal da época de sua promulgação impressos nas estruturas empresariais por ela criadas, analisando o nível de demo-

1 COSTA, Philomeno Joaquim da. *Anotações às Companhias*. São Paulo: Revista dos Tribunais, 1980, pp. 14-15.

cracia acionária por ela viabilizado. Além disso, será lançada luz sobre a evolução da lei, sempre no encalço das mudanças políticas em seus quase quarenta e cinco anos de vigência.

3.1. A Lei nº 6.404, de 15 de dezembro de 1976

Tida como um dos diplomas legais mais bem estruturados do ordenamento jurídico brasileiro, a Lei das Sociedades por Ações carrega, em suas entrelinhas, mensagens relativas ao momento histórico em que foi editada, traços da estrutura do poder econômico observável no Brasil durante sua elaboração e claras orientações econômicas.

Conforme recordam LAMY FILHO e BULHÕES PEDREIRA, autores do anteprojeto da Lei das Sociedades Anônimas, o Decreto-Lei nº 2.627/40 fora bem feito para a época de sua edição, mas se mostraria ineficiente para acomodar todas as necessidades de uma economia em expansão e transformação. Assim, o mencionado anteprojeto foi orientado de forma a conferir "opções" de organização e funcionamento para as empresas. Esta flexibilidade, inspirada nos ditames da *Common Law*, sofreu críticas dos comercialistas, mas mostrou-se uma estratégia acertada, ao permitir a cada companhia a adoção de diretrizes mais adequadas à sua realidade.[2]

Este era um dos princípios declarados da Lei das Sociedades por Ações, conforme descrito pelo item 5(c) da Exposição de Motivos nº 196, de 24 de junho de 1976, do Ministério da Fazenda, *in verbis*:

> *c) a modernização da estrutura jurídica da grande empresa não pode ser imposta inopinadamente, mas exige um período mais ou menos longo para ser absorvida por empresários, pelo mercado e pelos investidores; daí o Projeto ter adotado, sempre que possível, a forma de opções abertas à empresa, que as adotará se e quando julgar conveniente (títulos novos, formas de administração, grupamentos de empresas e outros), não obstante as normas de proteção ao minoritário se revestirem de caráter cogente (comportamento e responsabilidade dos administradores, informações ao público, direitos intangíveis dos acionistas e outras);*[3]

A combinação entre a flexibilidade das regras dispositivas de organização à disposição dos grupos de acionistas controladores e as pro-

---

2 LAMY FILHO, Alfredo; BULHÕES PEDREIRA, José Luiz (coord.). Ob. cit., p. 14.

3 BRASIL. *Exposição de Motivos da Lei de Sociedades Por Ações.* Disponível em <http://www.cvm.gov.br/export/sites/cvm/legislacao/leis-decretos/anexos/EM196-Lei6404.pdf>. Último acesso em: 5 maio 2019.

teções cogentes garantidas aos minoritários foram materializadas na Lei das Sociedades por Ações. Resta saber se este contexto permitiu a existência, no País, de um verdadeiro ambiente de democracia acionária.

3.1.1. *A relação da Lei nº 6.404/76 com o regime político brasileiro*

Dificilmente existirá no mundo atual um caso tão emblemático - exceção feita à já estudada Lei Societária alemã de 1937 - a respeito da relação entre sistema político e lei societária quanto o brasileiro. A Lei das Sociedades Anônimas foi promulgada no apogeu da ditadura militar brasileira,[4] na data de 15 de dezembro de 1976, e permanece em vigor até a atualidade, embora reformada, mais de trinta e cinco anos após a redemocratização e sob uma Constituição Federal inteiramente nova.

Conforme recorda CAMPOS, os governos e prefeituras dos Estados e Capitais de Rio de Janeiro e São Paulo foram seguidamente ocupados por líderes empresariais nos anos 1970, com destaque para os líderes das grandes empreiteiras, aliados estratégicos do regime militar, os quais tinham representação privilegiada na condução e direção do Estado nos níveis regional e local.[5]

Com isto, a Lei das Sociedades por Ações foi editada com uma função política bem definida. Permitiria o financiamento das grandes obras dos anos 1970, sem ameaçar a propriedade das companhias, dando prosseguimento a um processo centenário, em que as oligarquias surgiram lideradas pelos coronéis. FAORO explica que o coronelismo não simplesmente brotou e se consolidou num sistema econômico autocrático, pré-comercial, pré-capitalista. Os coronéis, apesar de incompatíveis com as forças urbanas, aliavam-se às preocupações comerciais, tendo em vista interesses exportadores. A estrutura comercial de exportação dependia da atuação dos governos estaduais controlados pelas oligarquias, quer nas obras de infraestrutura, quer na defesa da partilha de receitas entre os entes federativos na esfera federal.[6]

Da perspectiva jurídica, SALOMÃO FILHO enxergou a Lei das Sociedades por Ações como uma ferramenta de incentivo à grande empresa, por dois caminhos diferentes. O primeiro seria a concentração

---

4 Regime de sucessivos governos militares, de caráter autoritário e nacionalista, por meio do qual o Brasil foi governado de 1º de abril de 1964 a 15 de março de 1985.

5 CAMPOS, Pedro Henrique Pedreira. *A Ditadura dos Empreiteiros*. Tese de Doutorado apresentada no âmbito do programa de Pós-Graduação em História da Universidade Federal Fluminense, 2012, p. 405.

6 FAORO, Raymundo. *Os Donos do Poder*. 3ª ed. Rio de Janeiro: Globo, 2001, p. 757.

empresarial e a formação de grupos. O segundo seria a capitalização das companhias por meio do mercado acionário, implicando a necessidade de criar deveres ao acionista controlador e proteções aos acionistas minoritários.[7] É este sistema de forças que o legislador tentou equilibrar.

PARGENDLER, por sua vez, em já mencionado estudo sobre a influência do nacionalismo sobre o Direito Societário, vislumbra forte influência do regime nacionalista brasileiro sobre o processo legislativo que culminou na promulgação da Lei das Sociedades Anônimas e, por conseguinte, sobre a disciplina do controle societário. Para a autora, tal contexto político inspirou a edição de regras societárias diferenciadas, como a caracterização de abuso de poder de controle por meio da orientação da companhia para fim *"lesivo ao interesse nacional"*.[8] PARGENDLER também recupera a supracitada Exposição de Motivos, em especial a menção à imposição de um *"novo dever de lealdade"* que deveria considerar os interesses do País, aplicável igualmente às companhias nacionais e estrangeiras, bem como outras regras objetivas, como a vedação à constituição de subsidiárias integrais por sociedades estrangeiras[9] e a obrigatoriedade de diretores e conselheiros fiscais serem residentes no Brasil, extinta, no caso dos diretores, com o advento da Lei n°14.195/21 e consequente reforma do art. 146 da Lei das Sociedades por Ações.[10] Por fim, destaca o fato de diversas companhias terem sido criadas pelo Estado brasileiro sob a égide da então nova legislação, em detrimento do incentivo à atração de capital, e assim, do controle acionário, estrangeiro.[11]

---

7 SALOMÃO FILHO, Calixto. Ob. cit., pp. 38-39.

8 *"Art. 117. O acionista controlador responde pelos danos causados por atos praticados com abuso de poder.*
§ 1º São modalidades de exercício abusivo de poder:
a) orientar a companhia para fim estranho ao objeto social ou lesivo ao interesse nacional, ou levá-la a favorecer outra sociedade, brasileira ou estrangeira, em prejuízo da participação dos acionistas minoritários nos lucros ou no acervo da companhia, ou da economia nacional; [...]."

9 *"Art. 251. A companhia pode ser constituída, mediante escritura pública, tendo como único acionista sociedade brasileira."*

10 Até a edição da Lei n° 14.195/21, o art. 146 tinha a seguinte redação: "*Poderão ser eleitas para membros dos órgãos de administração pessoas naturais, devendo os diretores ser residentes no País*". Sua redação atual é: "*Apenas pessoas naturais poderão ser eleitas para membros dos órgãos de administração*".

11 PARGENDLER, Mariana. Ob. cit., 2010, pp. 24-25.

3.1.2. *Reflexos do histórico oligárquico na lei e limites ao poder de controle*

SALOMÃO FILHO vê a Lei das Sociedades por Ações como um produto da disfunção societária, isto é, da discrepância entre função e estrutura, ao simplesmente regulamentar uma realidade existente, que tem como centro do sistema o acionista controlador. Ao atribuir ao *controlador* uma série de poderes, deveres institucionais e responsabilidades, referida lei criou um centro "parassocietário" de poder. Afinal, o "controlador" não é um órgão integrante da estrutura societária, mas apenas um membro da assembleia geral. Para o autor, este cenário foi agravado com a edição da Lei nº 10.303, de 31 de outubro de 2001, a qual será debatida adiante, que permitiu a articulação e consolidação do poder societário por meio de acordos de acionistas.[12] Não por acaso, a própria CVM reconheceu, por meio das decisões de seu Colegiado, o caráter inovador da legislação pátria ao destacar o acionista controlador como instância diferenciada de poder no âmbito das sociedades anônimas e a atribuição a ele de deveres e responsabilidades específicas.[13]

A Lei das Sociedades por Ações acolheu o princípio majoritário, objeto de análise da Seção 2.3.1 acima. Seu art. 129 estabelece a maioria absoluta de votos, computados em proporção ao número de ações de titularidade de cada acionista votante, como o quórum padrão para a aprovação de deliberações assembleares. O § 1º deste dispositivo, por sua vez, faculta às sociedades anônimas fechadas o estabelecimento

---

12 SALOMÃO FILHO. Ob. cit., p. 39. Sobre este ponto em especial, VERGUEIRO defende que conselheiros eleitos nos termos de acordos de acionistas devem continuar a votar conforme suas convicções sobre a aplicação dos deveres de lealdade e diligência; não caberia ao presidente do conselho de administração de nenhuma companhia deixar de computar votos proferidos contrariamente a tais acordos, nos termos do art. 118, § 8º, da Lei das Sociedades por Ações, *in verbis*: "*§ 8º O presidente da assembléia ou do órgão colegiado de deliberação da companhia não computará o voto proferido com infração de acordo de acionistas devidamente arquivado*". VERGUEIRO, Carlos Eduardo. *Acordo de Acionistas e Governança das Companhias*. São Paulo: Quartier Latin, 2010, p. 200.

13 "*Já se disse que a Lei nº 6.404/76 introduziu conceito inovador em matéria de legislação societária no que toca ao acionista controlador. De fato, a lei, reconhecendo que no Brasil o controle concentrado é a regra, e que a influência do acionista controlador na administração da sociedade é inegável, tratou de lhe atribuir funções próprias e responsabilidades específicas, afastando-se de outras legislações onde não há previsão específica para o acionista controlador.*" *In:* BRASIL. COMISSÃO DE VALORES MOBILIÁRIOS. Processo Administrativo Sancionador nº 04/1999, Rel. Diretor Luiz Antonio de Sampaio Campos, j. 14 de abril de 2002.

de quóruns superiores para determinadas deliberações.[14] Esta opção dada às companhias fechadas é compreensível, uma vez que em geral têm um número menor de acionistas e composição acionária familiar, aproximando-se da conformação societária das "sociedades de pessoas", em que o contato dos sócios com a sociedade é mais próximo. Por outro lado, a previsibilidade das regras para deliberações de companhias abertas e, assim, a imutabilidade dos quóruns previstos em lei é fator determinante para diminuir custos de transação para investidores e incentivar o direcionamento da poupança popular para o mercado de capitais. Além do regramento aplicado à assembleia geral, a legislação brasileira estendeu a aplicação do princípio majoritário às deliberações dos órgãos administrativos colegiados.[15]

No entanto, segundo SALOMÃO FILHO, o legislador fez uma clara opção a favor do reconhecimento do controle minoritário ao permitir, por exemplo, que até dois terços do capital social das companhias fossem representados por ações preferenciais – sem direito a voto.[16-17] Isto possibilitava o controle da sociedade por um único acionista que detivesse apenas mais do que um sexto do capital; ou seja, mais da metade das ações com direito a voto. O objetivo era permitir a captação de recursos oriundos da poupança popular para o financiamento das empresas, sem o risco de perda do poder por parte dos grupos familiares oligárquicos. Assim, o poder político aliou-se ao poder econômico, viabilizando

---

14 *"Art. 129. As deliberações da assembleia-geral, ressalvadas as exceções previstas em lei, serão tomadas por maioria absoluta de votos, não se computando os votos em branco.*
§ 1º O estatuto da companhia fechada pode aumentar o quórum exigido para certas deliberações, desde que especifique as matérias. [...]"

15 *"Art. 140. O conselho de administração será composto por, no mínimo, 3 (três) membros, eleitos pela assembleia-geral e por ela destituíveis a qualquer tempo, devendo o estatuto estabelecer:*
[...]
IV – as normas sobre convocação, instalação e funcionamento do conselho, que deliberará por maioria de votos, podendo o estatuto estabelecer quórum qualificado para certas deliberações, desde que especifique as matérias."

16 COMPARATO, Fábio Konder; SALOMÃO FILHO, Calixto. Ob. cit, p. 68.

17 Nos termos da redação original do § 2º do art. 15 da Lei das Sociedades Anônimas: *"§ 2º O número de ações preferenciais sem direito a voto ou sujeitas a restrições no exercício desse direito, não pode ultrapassar 2/3 (dois terços) do total das ações emitidas".* Com a reforma promovida pela Lei nº 10.303/01, sobre a qual se discorre abaixo, a redação vigente deste dispositivo é *"§ 2º O número de ações preferenciais sem direito a voto, ou sujeitas a restrição no exercício desse direito, não pode ultrapassar 50% (cinquenta por cento) do total das ações emitidas".*

a captação de recursos para a construção de obras faraônicas, como a Usina Hidrelétrica de Itaipu,[18] e a manutenção da concentração da propriedade acionária em favor de grupos selecionados.

No âmbito interno, tal como no regime político, as companhias poderiam estar sujeitas ao controle de uma restrita elite, a qual não refletiria a composição e os interesses do restante do corpo acionário.

Por outro lado, ciente das distorções que poderiam ser causadas por força da atribuição de deveres excessivos ao controlador, bem como aquelas derivadas da própria concentração da propriedade acionária, o legislador societário impôs limites ao poder do controlador, em linha com a noção constitucional de "freios e contrapesos" ao poder.

Não por acaso, SALOMÃO FILHO entende que a legislação brasileira estendeu aos acionistas controladores os deveres fiduciários que a teoria institucionalista havia atribuído inicialmente apenas aos administradores das companhias, conforme explicado na Seção 2.4.1 acima. Pressuposto para a aplicação destes deveres aos controladores seria a rígida separação do patrimônio e interesses do controlador em relação aos da sociedade controlada.[19]

Assim, o art. 117 da Lei das Sociedades Anônimas estabelece rol extenso de modalidades de abuso de poder por parte do controlador, pelas quais o controlador seria responsabilizado perante a companhia.[20]

---

18 Usina hidrelétrica binacional localizada no Rio Paraná, na fronteira entre o Brasil e o Paraguai, construída entre 1975 e 1982.

19 SALOMÃO FILHO. Ob. cit., p. 195.

20 *"Art. 117. O acionista controlador responde pelos danos causados por atos praticados com abuso de poder.*
§ 1º São modalidades de exercício abusivo de poder:
a) orientar a companhia para fim estranho ao objeto social ou lesivo ao interesse nacional, ou levá-la a favorecer outra sociedade, brasileira ou estrangeira, em prejuízo da participação dos acionistas minoritários nos lucros ou no acervo da companhia, ou da economia nacional;
b) promover a liquidação de companhia próspera, ou a transformação, incorporação, fusão ou cisão da companhia, com o fim de obter, para si ou para outrem, vantagem indevida, em prejuízo dos demais acionistas, dos que trabalham na empresa ou dos investidores em valores mobiliários emitidos pela companhia;
c) promover alteração estatutária, emissão de valores mobiliários ou adoção de políticas ou decisões que não tenham por fim o interesse da companhia e visem a causar prejuízo a acionistas minoritários, aos que trabalham na empresa ou aos investidores em valores mobiliários emitidos pela companhia;
d) eleger administrador ou fiscal que sabe inapto, moral ou tecnicamente;
e) induzir, ou tentar induzir, administrador ou fiscal a praticar ato ilegal, ou, descumprindo seus deveres definidos nesta Lei e no estatuto, promover, contra o interesse da companhia, sua ratificação pela assembleia-geral;

Recuperando o exemplo dado por RATHENAU como expressão da afirmação da teoria institucionalista, mencionado na Seção 2.4.1 acima, segundo o qual os acionistas do Deutsche Bank não deveriam ter o poder de liquidá-lo ainda que isto fosse financeiramente vantajoso, a legislação pátria vedou inclusive a promoção da liquidação de "companhia próspera", em detrimento dos interesses dos acionistas minoritários, investidores e trabalhadores. Importante recuperar novamente a lição de SALOMÃO FILHO, para quem o rol do artigo 117 não pode ser considerado exaustivo.[21]

No entanto, de forma ainda mais conectada ao estudo da democracia acionária (e suas conexões com a democracia estatal) em tela, está outro comando legal, estabelecido não pelo art. 117 da Lei das Sociedades por Ações, o qual enumera "*modalidades de exercício abusivo do poder*" pelas quais o controlador deve ser responsabilizado, mas sim pelo art. 116, o qual atribui deveres ao controlador, sem, no entanto, prever a responsabilização do controlador por falhas em seu cumprimento. Em especial, atenta-se ao parágrafo único do art. 116, segundo o qual o poder do controlador deve ser orientado ao cumprimento da "*função social*" da companhia.[22]

---

f) contratar com a companhia, diretamente ou através de outrem, ou de sociedade na qual tenha interesse, em condições de favorecimento ou não equitativas;
g) aprovar ou fazer aprovar contas irregulares de administradores, por favorecimento pessoal, ou deixar de apurar denúncia que saiba ou devesse saber procedente, ou que justifique fundada suspeita de irregularidade.
h) subscrever ações, para os fins do disposto no art. 170, com a realização em bens estranhos ao objeto social da companhia.)
§ 2º No caso da alínea e do § 1º, o administrador ou fiscal que praticar o ato ilegal responde solidariamente com o acionista controlador.
§ 3º O acionista controlador que exerce cargo de administrador ou fiscal tem também os deveres e responsabilidades próprios do cargo."

---

21 SALOMÃO FILHO. Ob. cit., p. 195.

22 *"Art. 116. Entende-se por acionista controlador a pessoa, natural ou jurídica, ou o grupo de pessoas vinculadas por acordo de voto, ou sob controle comum, que:*
a) é titular de direitos de sócio que lhe assegurem, de modo permanente, a maioria dos votos nas deliberações da assembleia-geral e o poder de eleger a maioria dos administradores da companhia; e
b) usa efetivamente seu poder para dirigir as atividades sociais e orientar o funcionamento dos órgãos da companhia.
Parágrafo único. ***O acionista controlador deve usar o poder com o fim de fazer a companhia realizar o seu objeto e cumprir sua função social****, e tem deveres e responsabilidades para com os demais acionistas da empresa, os que nela trabalham e para com a comunidade em que atua, cujos direitos e interesses deve lealmente respeitar e atender."* (grifo nosso)

Para LAZZARESCHI NETO, "*tal exigência demonstra a inspiração institucional do novo modelo de sociedade anônima, bem como seu caráter publicístico*", confirmando a orientação institucionalista explorada acima[23] da Lei das Sociedades Anônimas.

A exigência de cumprimento da "função social" da companhia, se analisada por prisma mais amplo, é uma decorrência lógica do mandamento constitucional do atendimento do exercício do direito de propriedade à sua "função social"[24].

A "*função social da propriedade*" já era estabelecida como um dos princípios da ordem econômica pela Constituição Federal de 1969,[25] e foi utilizada em ainda maior escala pela Constituição Federal de 1988. A atual Carta Magna também limita a livre-iniciativa com base na "*função social da propriedade*",[26] a qual derivou na "*função social do contrato*",[27] além da "*função social da empresa*" positivada na lei acionária. Pensando-

---

23 LAZZARESCHI NETO, Alfredo Sérgio. *Lei das Sociedades por Ações Anotada*. 4ª ed. rev., atual. e ampl. São Paulo: Saraiva, 2012, p. 254.

24 No âmbito de nosso estudo, será priorizado o conceito segundo prisma destacado por CATEB, Alexandre Bueno, e OLIVEIRA, Fabrício de Souza, por meio do qual esta análise pode ser feita: "[...] *Quando se analisa a função social da empresa, há de se delinear os conceitos que envolvem o instituto, já que a função social pode se dar em relação à propriedade exercida pelo empresário no tocante aos bens que compõem o estabelecimento empresarial, ou, por outro lado, pode-se analisar a função social da empresa propriamente dita, enquanto atividade organizada exercida pelo empresário, que visa otimizar a produção para o mercado*". *In: Breves anotações sobre a função social da empresa*. Berkeley Program in Law and Economics - Latin American and Caribbean Law and Economics Association (ALACDE) Annual Papers. *University of California*, Berkeley, *paper* 052907'1, 2007.

25 "*Art. 157. A ordem econômica tem por fim realizar a justiça social, com base nos seguintes princípios:*
[...]
III - função social da propriedade;".

26 "*Art. 170. A ordem econômica, fundada na valorização do trabalho humano e na livre iniciativa, tem por fim assegurar a todos existência digna, conforme os ditames da justiça social, observados os seguintes princípios:* [...]
III - função social da propriedade;".

27 Art. 421 do Código Civil: "*A liberdade contratual será exercida nos limites da função social do contrato*".

se a questão da função social pelo prisma da democracia, tema que permeia a reflexão aqui exposta, a Lei Maior de 1988 inovou em relação à sua antecessora, inserindo o atendimento pela propriedade à sua função social como um direito e garantia fundamental de todos os cidadãos.[28] Ou seja, mais do que um dever do titular do direito de propriedade, o atendimento à função social é uma garantia de todo o restante da coletividade contra possíveis abusos de tal direito.

A doutrina explica que a função social da propriedade foi positivada de forma inédita nos ordenamentos jurídicos do mundo ocidental pela Constituição de Weimar, acima mencionada, a qual vigorou entre 1919 e 1933, e reeditada, com a derrocada do nazismo, pela Lei Fundamental da República Federativa da Alemanha de 1949. Seu art. 14, alínea 2ª, estabelece que: *"A propriedade obriga. Seu uso deve, ao mesmo tempo, servir ao bem público"*.[29-30]

FERREIRA FILHO, ao lecionar sobre a função social da propriedade como princípio da ordem econômica na Constituição Federal de 1988, explica que o constituinte pátrio não nega o direito exclusivo do proprietário sobre a coisa em seu domínio, mas requer que o uso desta seja feito em prol do "bem-estar geral". Neste sentido, aproxima a figura do proprietário do papel de um procurador da coletividade na gestão dos bens integrantes de seu patrimônio.[31] Novamente, a partir desta concepção, cabe um claro paralelo entre o proprietário – que pode ser o "proprietário acionário" – e o fiduciário, a quem incumbe observar todos os deveres atinentes a esta condição.

SALAMA entende a imposição de um dever social sobre a empresa como consequência de um processo de "publicização"[32] do Direito

---

28 *"Art. 5º Todos são iguais perante a lei, sem distinção de qualquer natureza, garantindo-se aos brasileiros e aos estrangeiros residentes no País a inviolabilidade do direito à vida, à liberdade, à igualdade, à segurança e à propriedade, nos termos seguintes:*
[...]
XXIII – a propriedade atenderá a sua função social;"

29 DOMINGUES, Alessandra de Azevedo. Da função Social da Empresa à Responsabilidade Social. *In: Direito Empresarial, Direito do Espaço Virtual e Outros Desafios do Direito:* Homenagem ao Professor Newton De Lucca. FORGIONI, Paula A., DEL NERO, Patrícia Aurélia, DEZEM, Renata Mota Maciel, e MARQUES, Samantha Ribeiro Meyer-Pflug (coord.). São Paulo: Quartier Latin, 2018, pp. 473-504, p. 477.

30 Texto em inglês disponível em: <https://www.gesetze-im-internet.de/englisch_gg/englisch_gg.html#p0083>. Último acesso em: 25 fev. 2020.

31 FERREIRA FILHO, Manoel Gonçalves. Ob. cit., p. 361.

32 SALAMA recupera a definição de publicização suscitada por FREEMAN, Jody, em Extending public law norms through privatization, *Harvard Law Review*, v. 116,

Societário, em que converge com o pensamento de LAZZARESCHI, e de um controle de legitimidade exercido pelo Estado sobre as empresas.[33] No início do século XX, o caráter privatístico do Direito Societário brasileiro era predominante, haja vista o já citado Decreto nº 3.708, de 10 de janeiro de 1919, que disciplinou as sociedades por quotas de responsabilidade limitada em dezenove artigos, delegando à autonomia privada grande parte do poder organizativo de tais sociedades. No entanto, no decorrer do Século XX, a normatização estatal no âmbito do Direito Societário foi se tornando cada vez mais intrusiva, orientada para complementar políticas públicas e ações do Estado relacionadas ao funcionamento, financiamento e tributação das empresas, aproximando a forma de interpretação do Direito Societário daquela dada ao Direito Regulatório. Por isso, as normas de organização empresarial passaram a sofrer cada vez mais intromissões de regras trabalhistas, tributárias, consumeristas e ambientais, como se a exigência do atendimento à função social tornasse a empresa submissa ao Fisco e protetora primária de trabalhadores, consumidores e do meio ambiente. Finalmente, conforme será exposto na Seção 3.2 abaixo, SALAMA também enxerga as alterações da Lei das Sociedades por Ações empreendidas na virada do Século XXI como parte de um plano articulado para facilitar um programa de privatizações.[34]

Não que se negue, aqui, a obrigação da empresa de cumprir uma função social, principalmente considerando-se a empresa como "*célula de base de toda a economia*", nas palavras de LAMY FILHO. O mesmo autor enumera diversos exemplos de atendimento ao dever social por parte das companhias, resumindo-o como um "*compromisso permanente de reumanização da economia*", consubstanciado em medidas como a instituição de comitês de trabalhadores para discussão de temas de

---

p. 1.285, 2003: "*Processo através do qual atores privados crescentemente se comprometem a incorporar objetivos públicos como um preço a ser pago pelo acesso a oportunidades lucrativas na oferta de bens e serviços que alternativamente poderiam ser ofertados diretamente pelo Estado*". SALAMA, Bruno Meyerhof. *O Fim da Responsabilidade Limitada no Brasil*: História, Direito e Economia. São Paulo: Malheiros, 2014.

---

33 *Ibidem*, p. 246.

34 *Ibidem*, p. 250.

interesse geral, o cumprimento de deveres éticos[35] e o atendimento às necessidades dos consumidores.

A função social apresenta-se, então, como um dever da sociedade empresária, mas também como um pressuposto para sua própria sobrevivência, num processo de retroalimentação em conjunto com o princípio da preservação da empresa,[36] uma vez que, sem sociedades empresárias sadias, não há mercado. Por isto, a função social da empresa deve ser observada e fomentada, sem que seja utilizada pelo legislador como uma permissão genérica para impedir o desenvolvimento de novas formas de organização social.

COUTINHO, por vez, enxerga o empresário numa situação de "maior complexidade" em relação ao cumprimento da função social e respeito a direitos fundamentais alheios, dada a elevada gama de direitos subordinados à atividade por ele explorada.[37-38] Mesmo assim, não seria atribuível ao empresário a realização de nenhum esforço adicional para a "consecução" da função social da empresa. Expressando um ponto de vista liberal, o autor defende que a empresa exerce, naturalmente, uma função de relevo junto à sociedade, ao ofertar empregos, bens e serviços necessários à dignidade dos consumidores, e gerar tributos que reverterão em benefício de todos. Assim, o mero exercício legítimo da empresa seria a concretização da função social da propriedade sobre os bens de produção.

Dessa forma, é inegável a consagração da figura do acionista controlador pela Lei das Sociedades por Ações. Entretanto, também é verdadeira a atribuição ao controlador de uma série de deveres e responsabilidades, o que se coaduna com a noção de limitação do poder obrigatória a qualquer sistema que se pretenda democrático.

---

35 LAMY FILHO, Ob. cit., p. 31.

36 Nesse sentido, acórdão do Supremo Tribunal Federal nos autos do Agravo de Instrumento AI 831.020/RJ (Rel. Min. Cezar Peluso, j. 30 de julho de 2012, *DJe* 13 de agosto de 2012).

37 O autor enfatiza que esta subordinação não está relacionada, necessariamente, à propriedade sobre os bens de produção, mas sim ao exercício da atividade empresarial.

38 COUTINHO, Sérgio Mendes Botrel. Ob. cit., pp. 71-72.

3.2. As Reformas da Lei nº 6.404, de 15 de dezembro de 1976

A legislação societária brasileira experimentou um processo de modernização nas proximidades do jubileu de prata de sua promulgação. Com o fim do regime militar e a redemocratização, as privatizações ocorridas no fim dos anos 1990, a convergência das legislações acionárias ao redor do mundo - acima explorada - e a adoção de padrões internacionais de governança corporativa e regulamentação das relações intrassocietárias, fizeram-se inevitáveis mudanças à lei estruturada por LAMY FILHO e BULHÕES PEDREIRA.

No entanto, as motivações e consequências das alterações sofridas pela Lei das Sociedades por Ações nem sempre são evidentes, e seus efeitos democratizantes, tal como expectados pela redemocratização política e abertura econômica nacionais, são duvidosos.

3.2.1. A transição democrática e a necessidade de reformas

Com a aproximação da virada do Milênio, a ampliação do acesso à informação e o recurso cada vez maior da população brasileira ao mercado de capitais como forma de investimento, o quadro exposto na Seção 3.1 acima teria que ser mudado. A implementação de novas políticas de transparência ou "*full disclosure*", imposição de novos deveres fiduciários aos controladores e maior possibilidade de participação dos minoritários no processo decisório das companhias eram exigências populares e necessidades do mercado brasileiro para nivelamento com outros mercados no mundo, principalmente considerando-se a oferta de ações de companhias brasileiras em bolsas de valores estrangeiras.

Segundo o magistério de GUERREIRO, na base do sistema legal das sociedades anônimas imperava a ideia da grande empresa nacional de capital aberto, num modelo baseado na divisão entre o "*controle da empresa*", concentrado nas mãos de um bloco de acionistas detentor de parte menor do capital social, e o "*capital não votante difuso*", disperso entre uma base ampla de investidores do mercado. A Lei das Sociedades por Ações tinha como mote inicial a ideia de "sistema". No entanto, com a acentuação da dinâmica de investimentos, a crescente complexidade de operações societárias e das necessidades econômicas, o viés "sistemático" tem sido substituído pelo "pragmático",[39] segundo o qual alterações pontuais visando melhores resultados poderiam ser feitas.

39 GUERREIRO, José Alexandre Tavares. Sociedade Anônima: dos Sistemas e Modelos ao Pragmatismo. *In: Poder de Controle e Outros Temas de Direito Societário e Mercado de Capitais*. CASTRO, Rodrigo R. Monteiro de, e AZEVEDO, Luís André N. de Moura (coord.). São Paulo: Quartier Latin, 2010, pp. 20-21, 27-28.

O próprio LAMY FILHO corrobora a ideia da Lei das Sociedades por Ações como "sistema", e defende que tal diploma legal não poderia comportar alterações pontuais que a desfigurassem e comprometessem o objetivo de garantir o bom funcionamento da empresa – a base da economia moderna.[40]

Seja qual for o prisma doutrinário adotado, o fato é que mudanças precisaram ser – e foram – feitas, tanto a nível sistemático quanto de forma pontual. Como explica OIOLI, a Lei das Sociedades Anônimas precisava se adequar ao modelo de dispersão acionária, diverso daquele que inspirou a produção da lei,[41] com o maior acesso da população ao mercado de capitais. Segundo o autor, sinteticamente, a Lei das Sociedades Anônimas era centrada na figura do controlador, o que se justificaria pela incipiência do mercado de capitais pátrio à época de sua edição, estando os administradores a serviço do bloco de controle e os minoritários reduzidos ao papel de coadjuvantes necessários para garantir o financiamento das companhias.[42]

A dispersão acionária e o consequente enfraquecimento ou até desaparecimento do acionista controlador subverteram a lógica da Lei das Sociedades por Ações. Regras sobre direitos compensatórios e sobre deveres dos acionistas controladores viriam a perder importância. Ocuparam este espaço novas ideias e normas a respeito da organização da sociedade, baseadas nas inovações trazidas pela *corporate governance* (objeto de estudo no Capítulo 4), orientadas a diminuir os custos de transação advindos da maior dificuldade de coordenação de um corpo acionário heterogêneo e a coibir abuso dos administradores, não mais vinculados a um único acionista com ânimo de supervisão e poder de demiti-los.[43]

3.2.2. Reforma da legislação societária e privatizações

Além da redemocratização, acarretando maior acesso à informação e menor dirigismo estatal, outro fator propulsor de reformas da Lei das

40 LAMY FILHO, Alfredo. *Temas de S.A.* Rio de Janeiro: Renovar, 2007, p. 177.

41 OIOLI, Erik Frederico. Dispersão do controle acionário no Brasil: reflexões atuais e perspectivas futuras sobre a quebra de paradigmas na lei das sociedades anônimas. *In:* CASTRO, Leonardo Freitas de Moraes e (org.). *Mercado financeiro e de capitais: regulação e tributação.* São Paulo: Quartier Latin, 2015, pp. 459-472, pp. 465-466.

42 *Ibidem*, pp. 468-469.

43 *Ibidem*, p. 471.

Sociedades por Ações foram as privatizações de grandes empresas estatais brasileiras, notadamente na segunda metade dos anos 1990.

Explica-se: as duas principais leis reformadoras foram promulgadas durante uma série de privatizações realizada pelo Governo Federal brasileiro, que transformou a União Federal em acionista minoritária de muitas sociedades anônimas. No fim dos anos 1990 e ao longo da primeira década dos anos 2000, ocorreram cerca de cem privatizações de empresas estatais no Brasil.[44]

Assim, não foi apenas o maior acesso ao mercado de capitais em favor da população o motivo para as reformas. O Estado também tratou de proteger o seu próprio quinhão no seio das companhias cujas ações integrantes do bloco de controle foram alienadas à iniciativa privada.

PARGENDLER entende que, no âmbito das privatizações ocorridas no fim dos anos 1990, o Estado tirou "plena vantagem" de sua competência para a reformulação de normas de Direito Societário com o intuito de aumentar as oportunidades de obtenção de benefícios privados do controle.[45] Esta teria sido a verdadeira intenção por trás da Lei nº 9.457, de 5 de maio de 1997, explorada na Seção 3.2.3 abaixo, apelidada de "minirreforma" da Lei das Sociedades por Ações. Segundo a autora, a reforma acabou sendo vista como "tecnocrática" e não gerou contendas políticas. Por sua vez, as famílias que exerciam controle minoritário das grandes companhias não precisaram apresentar nenhuma oposição às alterações legislativas, visto que com elas se beneficiavam.

3.2.3. As Leis nº 9.457/97 e 10.303/2001

Como adiantado na Seção 3.2.2 acima, a virada do Milênio foi marcada por duas reformas importantes na Lei das Sociedades por Ações, com a edição das Leis nº 9.457/97 e 10.303/2001.

PARGENDLER destaca alguns direitos dos acionistas minoritários que foram tolhidos pela reforma empreendida por meio da Lei nº 9.457/97. O primeiro deles foi o direito de retirada dos acionistas dis-

---

44 O ESTADO DE S. PAULO. *País privatizou 100 estatais em dez anos.* 8 de outubro de 2010. Por DANTAS, Fernando. Disponível em: <http://brasil.estadao.com.br/noticias/geral,pais-privatizou-100-estatais-em-dez-anos-imp-,622239>. Acesso em: 1º out. 2017.

45 PARGENDLER, Mariana. *Evolução do Direito Societário:* Lições do Brasil. São Paulo: Saraiva, 2013.

sidentes em caso de cisão da companhia.[46] O segundo é a dispensa da autorização da CVM para venda de controle – e posterior estabelecimento da regra de *tag along*, ou "direito de venda conjunta", em favor dos acionistas minoritários de companhias abertas no caso de alienação de ações do bloco de controle, por meio de obrigatória realização de oferta pública de aquisição das ações dos minoritários.[47] Estas estratégias facilitaram a venda de empresas estatais, liberando a União do pagamento aos acionistas dissidentes por ocasião da cisão de ativos excluídos das alienações e permitindo ao Estado apropriar-se de todo o "prêmio" pago pelas ações de controle.[48]

A reforma mais profunda, porém, estava por vir. O Estado, que fora manifestamente o controlador e moderador de quase todos os aspectos das vidas política e econômica nacionais durante o regime ditatorial, se retirava da cena principal, aderindo a uma postura liberalizante e não

---

46 O já revogado *caput* do art. 137, instituído pela Lei nº 9.457/97, estabelecia que "*a aprovação das matérias previstas nos incisos I a VI do art. 136 dá ao acionista dissidente direito de retirar-se da companhia, mediante reembolso do valor das suas ações*". A mesma lei, porém, alterou os incisos do art. 136, eliminando o trecho "*incorporação da companhia em outra, sua fusão ou cisão*" de seu inciso VI, e redigindo o inciso IV da seguinte forma: "*Fusão da companhia, ou sua incorporação em outra*". O inciso IX, por sua vez, passou a mencionar "*cisão da companhia*".

47 Nesse sentido, a revogação do art. 254 da Lei das Sociedades por Ações pela Lei nº 9.457/97: "*Art. 254. A alienação do controle da companhia aberta dependerá de prévia autorização da Comissão de Valores Imobiliários. §1º A Comissão de Valores Mobiliários deve zelar para que seja assegurado tratamento igualitário aos acionistas minoritários, mediante simultânea oferta pública para aquisição de ações. §2º Se o número de ações ofertadas, incluindo as dos controladores ou majoritários, ultrapassar o máximo previsto na oferta, será obrigatório o rateio, na forma prevista no instrumento da oferta pública. § 3º Compete ao Conselho Monetário Nacional estabelecer normas a serem observadas na oferta pública relativa à alienação do controle de companhia aberta.*", e a inclusão do art. 254-A pela Lei nº 10.303/2001: *Art. 254-A. A alienação, direta ou indireta, do controle de companhia aberta somente poderá ser contratada sob a condição, suspensiva ou resolutiva, de que o adquirente se obrigue a fazer oferta pública de aquisição das ações com direito a voto de propriedade dos demais acionistas da companhia, de modo a lhes assegurar o preço no mínimo igual a 80% (oitenta por cento) do valor pago por ação com direito a voto, integrante do bloco de controle*".

48 PARGENDLER. Ob. cit., pp. 205 e 206. A autora ainda recorda tentativas anteriores de restrições a direitos dos acionistas minoritários, como a Lei nº 7.958, de 20 de dezembro de 1989 ("Lei Lobão"), a qual não surtiu os efeitos desejados por imperfeições redacionais, e a Medida Provisória nº 1.179, de 3 de novembro de 1995, não convertida em lei.

intervencionista.[49] Da mesma forma, no campo do empreendedorismo estatal, passou a cumprir função mais voltada à arbitragem de interesses e finalidades a serem perseguidas (inclusive no papel de acionista minoritário) do que ao controle. No mesmo sentido, as grandes companhias brasileiras experimentaram a concorrência pela absorção de capitais populares até então represados, desencadeando um processo de perda do protagonismo dos grupos de controle e emergência de acionistas minoritários exigentes de proteção.

Neste contexto, foi promulgada a Lei nº 10.303/2001, a reforma mais drástica da Lei das Sociedades por Ações, que promoveu uma série de alterações ao regramento das controvertidas matérias supracitadas.

WALD resume, não de forma pouco idealista, o contexto político e histórico em que a Lei nº 10.303/2001 foi promulgada. Ela teria a missão de tirar o Brasil do coronelismo econômico, assim como o País havia abandonado o coronelismo político. O Brasil do Estado Democrático de Direito e da estabilidade monetária passava a se concentrar na democratização da sociedade anônima, numa conciliação entre democracia política e capitalismo econômico. O objetivo do legislador societário passaria a ser o de transformar a sociedade anônima numa "*parceria transparente entre acionistas controladores, minoritários e preferencialistas*".[50]

Reitera-se que as alterações legislativas não foram uma benesse gratuita do legislador comercial pátrio. Novamente, é visível a interferência do Estado na defesa de seus interesses dentro das empresas, de forma a moldá-las conforme sua conveniência. Faz-se aqui referência às privatizações mencionadas na Seção 3.2.2 acima. Não por acaso, uma das criações da Lei nº 10.303/2001 foram as *golden shares*, ações que conferem ao seu titular direito de veto e relação a determinadas delibe-

---

49 Um exemplo desta nova postura foi a adoção, pela Administração Pública Federal, de algumas das medidas integrantes do "Consenso de Washington", conjunto de diretrizes de orientação liberal elaborado em 1989 por instituições financeiras sediadas na capital estadunidense, como o FMI, o Banco Mundial e o Departamento do Tesouro dos Estados Unidos, fundamentadas nas ideias do economista John Williamson (1937-2021), do *International Institute for Economy*.

50 WALD, Arnoldo. A Reforma da Lei das Sociedades Anônimas: os Direitos dos Minoritários na Nova Lei das S.A. *In: Reforma da Lei das Sociedades Anônimas – Inovações e Questões Controvertidas da Lei nº 10.303, de 31.10.2001*. LOBO, Jorge (coord.). São Paulo: Forense, 2002, p. 241.

rações. Tais ações, de acordo com novo dispositivo legal, deveriam ser mantidas na propriedade da entidade desestatizante.[51]

Mesmo assim, não podem ser tirados os méritos da Lei nº 10.303/01. Apesar de as mudanças não terem sido tão profundas quanto possível,[52] a nova legislação representou, na visão de PARENTE a convergência de interesses de acionistas controladores e minoritários, dando impulso a uma mudança cultural no empresariado brasileiro. Tanto que, antes mesmo da promulgação da lei reformadora, já havia sociedades no Brasil concedendo novos direitos aos seus acionistas minoritários. Ao estabelecer parâmetros mínimos para a proteção aos minoritários, a Lei nº 10.303/01 não impede que as companhias ampliem tais direitos.[53]

Para citar apenas algumas das inovações à legislação societária trazidas pela Lei nº 10.303/2001 à Lei das Sociedades por Ações, destacamos as seguintes:

> I) a alteração do artigo 15, § 2º, que reduziu de dois terços para a metade do total o número máximo de ações preferenciais sem direito a voto, ou sujeitas a restrição no exercício desse direito, que uma companhia pode emitir;[54]
> II) a alteração do art. 47, parágrafo único, de forma a vedar completamente a emissão de partes beneficiárias por companhias abertas;

---

51 "Art. 17 [...] *§ 7º. Nas companhias objeto de desestatização poderá ser criada ação preferencial de classe especial, de propriedade exclusiva do ente desestatizante, à qual o estatuto social poderá conferir os poderes que especificar, inclusive o poder de veto às deliberações da assembleia-geral nas matérias que especificar.*"

52 Nesse sentido, SALOMÃO FILHO e PARENTE, *et al. In: A Reforma da Lei das Sociedades Anônimas.* Ob. cit.

53 PARENTE, Norma. Principais Inovações Introduzidas pela Lei nº 10.303, de 31 de outubro de 2001, à Lei de Sociedades por Ações. *In: Reforma da Lei das Sociedades Anônimas – Inovações e Questões Controvertidas da Lei nº 10.303, de 31.10.2001.* LOBO, Jorge (coord.). São Paulo: Forense, 2002, pp. 14-15.

54 Sobre o critério temporal para aplicação deste novo dispositivo, explica LAZZARESCHI NETO que a lei reformadora ainda foi leniente ao permitir às companhias existentes manter proporção maior de ações preferenciais em relação ao total de ações emitidas. *In verbis*: *"As companhias abertas existentes na data de promulgação da Lei nº 10.303, de 31.10.2001, não são obrigadas a adotar o regime da paridade. Em caso de cisão parcial de companhia aberta já existente, a companhia remanescente permanece com o privilégio do regime da disparidade. Em caso de incorporação de companhia aberta por fechada, impõe-se a adoção do regime de paridade. Na hipótese de incorporação de companhia aberta ou fechada por aberta, esta última pode manter a estrutura de capital da incorporadora, nos termos do art. 8º, § 2º, da Lei nº 10.303, de 31.10.2001". In:* LAZZARESCHI NETO, Alfredo Sérgio. Ob. cit., p. 65.

> III) o acréscimo do § 3º ao artigo 109, que permitiu o estabelecimento de cláusula arbitral nos estatutos sociais das sociedades anônimas; e
> IV) a alteração do § 4º e inserção do § 5º ao art. 141, permitindo a eleição e destituição de um membro e seu suplente do conselho de administração, em votação em separado na assembleia geral, excluído o acionista controlador, pela maioria dos titulares, (a) de ações de emissão de companhia aberta com direito a voto que representem, pelo menos, 15% do total das ações com direito a voto; e (b) de ações preferenciais sem direito a voto ou com voto restrito de emissão de companhia aberta que representem, no mínimo, 10% do capital social, que não houverem exercido o direito previsto no estatuto. Caso nem os titulares de ações com direito a voto e nem os titulares de ações preferenciais sem direito a voto ou com voto restrito perfaçam os quóruns acima, poderão agregar suas ações para eleger em conjunto um membro e seu suplente para o conselho de administração, observando-se, nessa hipótese, o quórum mencionado no item (b). Esta alteração, nas palavras de TOLEDO, demonstra que o legislador quis, efetivamente, *democratizar* o conselho de administração.[55]

Ou seja, a Lei nº 10.303/2001 não reverteu a opção pelo controle minoritário feita pelo legislador de 1976, mas equilibrou certas relações dentro das companhias, democratizando-as.

Além das mudanças promovidas em relação à Lei das Sociedades por Ações, a Lei nº 10.303/2001 também alterou a Lei nº 6.385, de 15 de dezembro de 1976, que regula o mercado de valores mobiliários no Brasil. Uma importante inovação foi a criminalização da negociação de valores mobiliários com o uso de "informação privilegiada", ou *insider trading*, levando à *ultima ratio* a punibilidade por uma prática até então pouco investigada no Brasil – e que garantia fortunas a acionistas controladores em grandes negociações de ações.[56]

Assim, o papel do legislador comercialista, ainda que não de forma exauriente, foi cumprido no que tange à modernização e democratização da nossa Lei das Sociedades por Ações. Não seria absurdo esperar que os últimos passos dessa modernização – a qual, frise-se, é um pro-

---

55 TOLEDO, Paulo F. C. Salles. Modificações Introduzidas na Lei das Sociedades Por Ações, Quanto à Disciplina da Administração das Companhias. *In: Reforma da Lei das Sociedades Anônimas – Inovações e Questões Controvertidas da Lei nº 10.303, de 31.10.2001*. LOBO, Jorge (coord.). São Paulo: Forense, 2002, p. 433.

56 Lei nº 6.385/76: "*Art. 27-D. Utilizar informação relevante ainda não divulgada ao mercado, de que tenha conhecimento e da qual deva manter sigilo, capaz de propiciar, para si ou para outrem, vantagem indevida, mediante negociação, em nome próprio ou de terceiro, com valores mobiliários:*
Pena – reclusão, de 1 (um) a 5 (cinco) anos, e multa de até 3 (três) vezes o montante da vantagem ilícita obtida em decorrência do crime."

cesso constante e perene – fossem dados na esfera da autorregulação, tendo como guia as tendências apontadas pelo mercado e consubstanciadas nos ditames da "governança corporativa".

4

Governança Corporativa como Solução para a Compatibilização Conceitual

A ousada atribuição do papel de última instância para a modernização da disciplina societária à "governança corporativa" não prescinde de um questionamento inicial: O que é e qual a finalidade da governança corporativa?

Movimento nascido nos mercados em países de tradição jurídica anglo-saxônica, é definido de diferentes maneiras pela doutrina brasileira. RIBEIRO, por exemplo, expõe duas dessas definições.[1] A primeira é a de LAMEIRA,[2] segundo a qual a governança corporativa é "*o conjunto de mecanismos econômicos e legais que são alterados por processos políticos, objetivando melhorar a proteção dos direitos dos acionistas e credores (investidores de uma forma geral) em uma sociedade*". A segunda é a de LODI,[3] que define a governança como o "*sistema que assegura aos sócios proprietários o governo estratégico da empresa e a efetiva monitoração da diretoria executiva*". LODI conclui estabelecendo como objetivos da governança corporativa equidade, transparência, responsabilidade pelos resultados (*accountability*) e obediência às leis do país (*compliance*).

A implementação de melhores práticas de governança corporativa, no Brasil, já tem consequências concretas, como os regulamentos dos diferentes níveis de listagem das companhias abertas na B3. Caberá, a partir do comportamento destas companhias e outros dados de mercado, compreender quais as consequências da adoção destas práticas no desempenho das companhias e na captação de investimentos oriundos da poupança popular.

Inegavelmente, os princípios da governança corporativa trazem consigo intuito "democratizante" das companhias, baseado na confiança de que o futuro das empresas listadas em bolsa dependerá, cada vez mais, não apenas de retrospectos e curvas de rentabilidade, mas também

---

1 RIBEIRO, Milton Nassau. Fundamentos e Efeitos Jurídicos da Governança Corporativa no Brasil. *Revista de Direito Mercantil, Industrial, Econômico e Financeiro*. Nº 127. jul/set 2002. São Paulo: Malheiros, pp. 165 a 174.

2 LAMEIRA, Valdir. *Governança Corporativa*. Rio de Janeiro: Forense Universitária, 2001.

3 LODI, João Bosco. *Governança Corporativa*: O Governo da Empresa e o Conselho de Administração. Rio de Janeiro: Campus, 2002.

do modo como as empresas são administradas. Ou, apenas, da constatação de que tais fatores são interdependentes.

4.1. O papel da governança corporativa na economia contemporânea

O movimento de *corporate governance* ganhou notoriedade com o *American Law Institute* (ALI), como um debate sobre as melhores maneiras de gerir negócios em sociedade e a minimização da assimetria de informação e dos custos de transação,[4] desaguando na publicação de *Principles of Corporate Governance*, em 1994, a qual tem tido diversas novas edições. Em 1992, o Reino Unido já havia concluído, por sua vez, o "Relatório Cadbury", considerado pioneiro, o qual propunha um "Código de Melhores Práticas de Governança Corporativa". As expressões do movimento no Brasil foram a criação do Instituto Brasileiro de Governança Corporativa (IBGC), em 1999, e a edição por tal entidade de código homônimo ao proposto pelo Relatório Cadbury, bem como a promulgação da Lei nº 10.303/2001, estudada acima, e a criação do Novo Mercado, novo segmento de listagem de companhias pela B3.[5]

A página virtual do IBGC na internet expõe a seguinte definição sobre governança corporativa: "*É o sistema pelo qual as empresas e demais organizações são dirigidas, monitoradas e incentivadas, envolvendo os relacionamentos entre sócios, conselho de administração, diretoria, órgãos de fiscalização e controle e demais partes interessadas*".[6]

A dificuldade de construção de um conceito uniforme de "*governança corporativa*" se traduz na pluralidade de princípios usados para construí-lo, como exemplificado pelo extenso rol de princípios da governança corporativa citados por LOBO: "*(i) Eticidade; (ii) moralidade; (iii) ativismo societário; (iv) proteção ao acionista minoritário; (v) tratamento equitativo; (vi) transparência; (vii) independência dos administradores;*

4 *In:* FARINA, Elizabeth *et al. Competitividade: mercado, Estado e organizações.* São Paulo, Singular, 1997, p. 54, "custos de transação" são conceituados como "*custos não diretamente ligados à produção, mas que surgem à medida que os agentes se relacionam entre si e problemas de coordenação de suas ações emergem*".

5 COELHO, Fábio Ulhôa. Ob. cit., pp. 49-50.

6 INSTITUTO BRASILEIRO DE GOVERNANÇA CORPORATIVA. *Página "Governança"*. Disponível em: <http://www.ibgc.org.br/index.php/governanca/governanca-corporativa>. Acesso em: 24 set. 2017.

(viii) razoabilidade; e (ix) função social da empresa".[7] À luz das premissas que regem este trabalho, deixa de ser surpreendente a constatação de que muitos destes princípios encontram perfeitos paralelos com os princípios basilares da administração pública estabelecidos pelo art. 37, *caput*, da Constituição Federal de 1988.[8]

O princípio da moralidade é empregado de forma idêntica em ambos os casos. Os princípios da "transparência" e do "tratamento equitativo" identificados por LOBO podem sem grande manobra hermenêutica corresponder respectivamente aos ditames constitucionais da "publicidade", tendo em vista a finalidade comum de tornar informações relevantes disponíveis a todos os que a elas tenham direito, e "impessoalidade", por se tratarem em ambos os casos do imperativo de tratamento isonômico de acionistas (no âmbito da empresa) e de cidadãos (no âmbito do Estado). Por fim, não seria impensável relacionar o princípio constitucional da eficiência com o da independência dos administradores, caso, como vimos acima, se entenda que esta independência é fator de eficiência.

A governança corporativa nasce, assim, como fruto de uma ideia de cristalização e uniformização de princípios basilares para melhor administração das companhias. Surge com a pretensão de ser certificação de grau de investimento *per se* com base na adoção de alguns mecanismos de funcionamento que ultrapassam os padrões mínimos previstos em lei.

Com a crescente adoção dos padrões de governança por mercados organizados e pela própria comparação feita pelo investidor individual dos mecanismos de proteção e independência oferecidos pelas diversas companhias candidatas ao recebimento de investimentos, a governança corporativa dá sinais de ter emergido de forma permanente. A ponto de a própria Administração Pública ter que a ela recorrer para curar Estados ineficientes e castigados pela corrupção por meio de princípios "emprestados" pelo próprio Direito Público à esfera privada.

4.2. Autorregulação e Códigos de Melhores Práticas

As boas práticas de governança corporativa, como se viu acima, andam em linha com os princípios norteadores de sociedades mais de-

---

7 LOBO, Jorge. Princípios de Governança Corporativa. *Revista de Direito Mercantil, Industrial, Econômico e Financeiro* nº 142, abr-jun. 2006, pp. 141-154.

8 *"Art. 37. A administração pública direta e indireta de qualquer dos Poderes da União, dos Estados, do Distrito Federal e dos Municípios obedecerá aos princípios de legalidade, impessoalidade, moralidade, publicidade e eficiência e, também, ao seguinte:* [...]."

mocráticas. Além disso, sua imposição não seria simples, devido aos elevados níveis de sofisticação exigidos por sua implementação, e, por outro lado, é compreensível que, na medida do possível, as próprias companhias trabalhem por sua crescente adoção. Isto pelos benefícios trazidos por tais práticas a cada companhia e, consequentemente, ao mercado de capitais como um todo, em grande parte resultantes da confiança num sistema mais hígido e protetivo. É a isto que se dá o nome de "autorregulação".

Ao discorrer sobre a adoção de boas práticas empresariais, PINTO JÚNIOR ressalta os reflexos positivos delas na gestão de uma companhia e no seu desempenho financeiro. Já a adoção sistêmica de tais práticas gera benefícios dos pontos de vista alocativo, por meio da destinação de recursos a veículos de investimento nos quais serão mais úteis e valorizados, e produtivo, com a otimização do uso dos recursos oriundos da poupança popular (ou seja, maior produção com maior qualidade e menor custo). Tudo isto resulta em maior geração de riqueza revertida para o bem-estar geral,[9] seja por meio da criação de empregos e renda, seja pela arrecadação de tributos a serem aplicados pelo Estado em obras de interesse geral. Finaliza o autor defendendo a aplicação desse raciocínio igualmente às sociedades familiares, companhias fechadas controladas por investidores institucionais, empresas estatais e grandes companhias abertas com ações negociadas em bolsas de valores, independentemente da estrutura de propriedade acionária.[10]

A possibilidade de se atribuir à governança corporativa o desafiador papel de solucionar longevos problemas envolvendo as relações entre acionistas passa pelo necessário descolamento das regras de governança, em sua origem, da influência estatal ou governamental. Trata-se do momento em que as posições se invertem: o mercado passa a receber sobre si determinadas regras convencionadas entre seus participantes, ou testadas por alguns deles e verificadas como eficazes, e o Estado se percebe obrigado a positivar ou simplesmente acatar tais regras, de forma a estimular a confiança do público investidor no mercado e assegurar a uniformidade do sistema. LEITE exalta a implementação exitosa de mecanismos de governança com foco na proteção do acionista minoritário no Brasil, principalmente em se tratando de um "*país em que as minorias*

---

9 PINTO JÚNIOR, Mário Engler. *O Estado como Acionista Controlador*. Tese de Doutorado apresentada à Faculdade de Direito da Universidade de São Paulo, sob a orientação do Prof. Calixto Salomão Filho, 2009, p. 72.

10 *Ibidem*, p. 72.

sempre precisaram do Estado e da lei para obterem e 'fazerem valer' seus direitos". Para o autor, um dos principais pilares da governança corporativa seria o respeito igualitário a todos os *stakeholders*, entendidos como todos aqueles que tenham algum interesse na empresa ou de alguma forma sejam afetados por suas decisões ou atividades.[11]

Nesse sentido, cabe avaliar alguns dos reflexos da governança corporativa no Brasil.

Um deles foi a fundação do IBGC, em 27 de novembro de 1995. Como mencionado na Seção 4.1 acima, o IBGC editou seu próprio Código das Melhores Práticas de Governança Corporativa, como orientação para o funcionamento das companhias. O Código procura capturar os mais diversos elementos da rotina empresarial. Regra de destaque é o estabelecimento de um comitê de auditoria para assessorar o conselho de administração no controle sobre a qualidade de demonstrações financeiras e controles internos, visando à confiabilidade e integridade das informações, como forma de proteger a organização e todas as partes interessadas. Outro comando interessante é sobre a "autoavaliação" periódica dos conselheiros de administração, cada um dos quais devendo avaliar, objetivamente, seu comportamento individual e a dinâmica entre os participantes durante as reuniões de conselho, no sentido de contribuir para um ambiente maduro e construtivo, que favoreça a tomada de decisões.[12]

Haja vista o estudo da evolução da legislação societária alemã aqui compreendido, com a análise da Lei Societária de 1937, revogada por lei substitutiva em 1965, cumpre mencionar a publicação do Código Alemão de Governança Corporativa (*Deutscher Corporate Governance Kodex*).[13] Editado em 2002,[14] tal código apresenta algumas peculiarida-

---

11 LEITE, Leonardo Barém. Governança Corporativa – Considerações sobre sua Aplicação no Brasil. *In: Poder de Controle e Outros Temas de Direito Societário e Mercado de Capitais*. CASTRO, Rodrigo R. Monteiro de, e AZEVEDO, Luís André N. de Moura (coord.). São Paulo: Quartier Latin, 2010, pp. 506-507.

12 INSTITUTO BRASILEIRO DE GOVERNANÇA CORPORATIVA. *Código de Melhores Práticas de Governança Corporativa*. 5ª ed., pp. 63, 64, 79, 80. Disponível em: <http://www.ibgc.org.br/userfiles/2014/files/codigoMP_5edicao_web.pdf>. Acesso em: 7 out. 2017.

13 ALEMANHA, *Código de Governança Corporativa Alemão*, versão de 7 de fevereiro de 2017. Disponível em: <http://www.dcgk.de//files/dcgk/usercontent/en/download/code/170214_Code.pdf>. Acesso em: 7 out. 2017.

14 WERDER, Axel V. and TALAULICAR, Till and Kolat, GEORG L., Compliance with the German Corporate Governance Code: An Empirical Analysis of the Compliance Statements by German Listed Companies. Corporate Governance: *An International*

des em relação ao brasileiro, a começar pelo fato de ter sido elaborado e ser revisto uma vez ao ano por uma comissão constituída em 2001 pelo Ministério da Justiça alemão, e não pelos atores privados em associação voluntária. Bastante conciso, reunindo apenas sete seções, o código insta as companhias listadas em bolsas de valores na Alemanha a declarar anualmente o cumprimento das recomendações nele contidas ou, alternativamente, explicar quais recomendações não estão sendo cumpridas e o motivo para tanto, com base no princípio *Comply or Explain* ("Cumpra ou Explique"),[15] uma máxima da governança corporativa adotada inicialmente no Reino Unido. O código estabelece ainda melhores práticas para as companhias em geral, incluindo normas de cooperação entre os órgãos da administração, regras para a mitigação de conflitos de interesses e normas para a realização de auditorias e demonstrações financeiras. Pode-se afirmar que a edição de tal Código completou um ciclo sexagenário de evolução da regulamentação societária na Alemanha.

Voltando-se à análise do caso brasileiro, tão significativo quanto o Código do IBGC foi o lançamento, em 2000, do novo regulamento de listagem da B3, o "Novo Mercado". A nova versão do regulamento do segmento, que já conta com foi mais de 170 companhias, foi aprovada em audiência restrita pelas companhias listadas em junho de 2017 e pelo Colegiado da CVM em setembro de 2017, e entrou em vigor em 2 de janeiro de 2018.

Entre importantes disposições do Regulamento do Novo Mercado, merecem destaque: (i) distribuição obrigatória a pessoas físicas ou investidores não institucionais de, no mínimo, 10% do total de ações a ser ofertado em ofertas públicas de distribuição de ações (art. 12, *caput*, inciso II); (ii) a previsão de que o conselho de administração seja composto por, no mínimo, dois conselheiros independentes, ou 20%, o que for maior (art. 15); e (iii) a estruturação pelas companhias de um

---

Review, v. 13, nº 2, pp. 178-187, mar 2005. Disponível em: <https://ssrn.com/abstract=684308>. Acesso em: 7 out. 2017.

---

15 Tradução livre.

processo de avaliação do conselho de administração, de seus comitês e da diretoria (art. 18).[16-17]

Corroborando a tese apresentada acima por PINTO JÚNIOR, estudo do Banco Mundial publicado em 2008 comprovou os benefícios gerados pela criação do Novo Mercado.[18] Os resultados do novo segmento de listagem e, assim, da adoção de regras de governança ampliativas dos direitos dos acionistas geraram ganhos palpáveis para as companhias e para o mercado como um todo.

Já em 2004, pela primeira vez em dez anos, ocorreu a listagem de sete companhias na B3, sendo cinco no Novo Mercado, e ressalvado que as duas restantes não puderam fazer esta opção por restrições específicas. Em 2005, ocorreram ofertas públicas iniciais de ações de nove empresas, sendo sete listadas no Novo Mercado, e dez ofertas públicas secundárias de ações. Previamente a três dessas ofertas secundárias, as respectivas companhias optaram por converter as ações preferenciais por elas emitidas em ações ordinárias, aderindo ao Novo Mercado antes da comercialização dos títulos. O resultado foi a valorização imediata da cotação das ações que viriam a ser ofertadas.[19]

Assim, com base no estudo acima mencionado, em meados de 2006 havia 31 companhias listadas no Novo Mercado, 13 no segmento "Nível 2" e 34 no segmento "Nível 1". Dessa forma, o Novo Mercado

---

16 B3. *Regulamento do Novo Mercado* (em vigor a partir de 2 de janeiro de 2018). Disponível em: <http://www.b3.com.br/pt_br/regulacao/estrutura-normativa/listagem/>. Acesso em: 25 fev. 2020.

17 Outros requisitos para companhias listadas na B3 integrarem o Novo Mercado são: (i) ter somente ações ordinárias em circulação; (ii) manter práticas de auditoria interna; (iii) instalar Comitê de Auditoria; (iv) conferir aos acionistas minoritários, em caso de alienação de controle, direito de "*tag along*" ou "venda conjunta"; (v) estruturar e divulgar processo de avaliação do conselho de administração, de seus comitês e da diretoria; (vi) adotar arbitragem como mecanismo de solução de controvérsias; (vii) divulgar mensalmente as negociações com valores mobiliários de emissão da empresa pelos e acionistas controladores; e (viii) manter, no mínimo, 25% de suas ações em livre circulação no mercado (*free float*).

18 SANTANA, Maria Helena; ARARAT, Melsa; ALEXANDRU, Petra; YURTOGLU, B. Burcin. The International Bank for Reconstruction and Development/The World Bank. *Focus 5: Novo Mercado and Its Followers: Case Studies in Corporate Governance Reform*. Tradução: B3. 2008. Disponível em: <http://www.b3.com.br/data/files/2C/46/8A/B7/88337610515A8076AC094EA8/Focus%205_Capitulo%20Novo%20Mercado%20_IFC%202008_.pdf>. Último acesso em: 20 fev. 2020.

19 SANTANA, Maria Helena; ARARAT, Melsa; ALEXANDRU, Petra; YURTOGLU, B. Burcin. Ob. cit., p. 17.

e os outros dois segmentos especiais de listagem representavam, à época, 52,99% da capitalização de mercado e 53,85% do volume negociado na bolsa de valores.[20] Devido ao claro sucesso da iniciativa, a B3 chegou a criar um índice especial para monitoramento do desempenho de ações de companhias cumpridoras de determinados parâmetros de governança e integrantes do Novo Mercado, o Índice de Governança Corporativa – Novo Mercado (IGC-NºM).[21]

Uma comprovação de caráter absolutamente prático a respeito do êxito das companhias na implementação de padrões elevados de governança, ao menos no que se refere ao valor de mercado a elas atribuído, é a evolução do IGC-NM desde seu lançamento, em setembro de 2013. Segundo gráfico gerado pelo site da B3, o índice teve uma valorização de 153,67% desde seu início até 20 de fevereiro de 2020:[22]

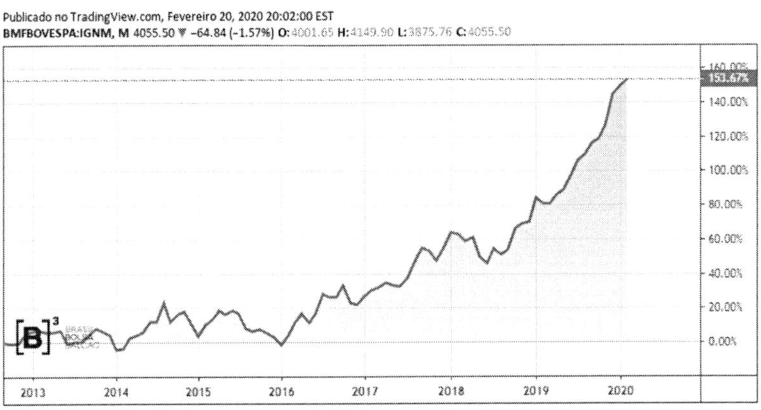

Gráfico 1: evolução percentual do IGC-NM entre setembro de 2013 e fevereiro de 2020.

20 SANTANA, Maria Helena *et al.* Ob. cit., p. 17.

21 Os requisitos para inclusão de companhias no IGC-NM estão estabelecidos no manual de Metodologia do Índice de Governança Corporativa – Novo Mercado (IGC-NM), publicado pela B3 (abril de 2015). Disponível em: <http://www.b3.com.br/pt_br/market-data-e-indices/indices/indices-de-governanca/indice-de-governanca-corporativa-novo-mercado-igc-nm.htm>. Último acesso em: 25 fev. 2020.

22 Gráficos disponíveis em: <https://www.tradingview.com/x/GhB7LGRm/> e <https://www.tradingview.com/x/AaGHVv8d/>. Último acesso em: 20 fev. 2020.

Por sua vez, o Ibovespa, considerado o principal indicador de desempenho das ações negociadas na B3,[23-24] teve desempenho mais modesto. Sua variação no mesmo período foi de 128,94%, conforme demonstrado por gráfico emitido a partir da mesma fonte:

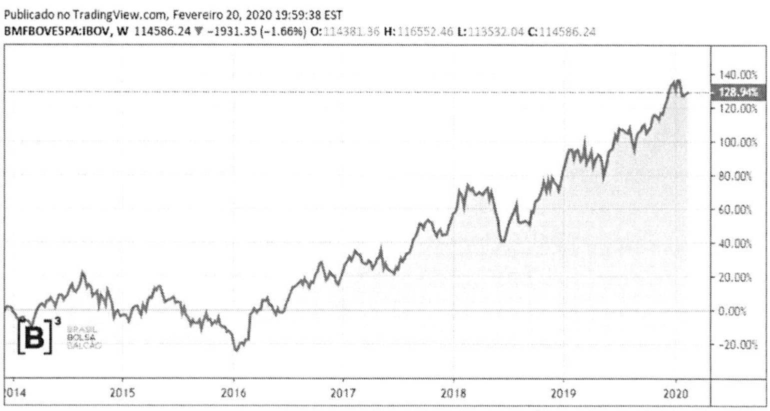

Gráfico 2: evolução percentual do Ibovespa entre novembro de 2013 e fevereiro de 2020.

Outra constatação importante é a resistência das ações das companhias integrantes do IGC-NM a crises econômicas. Enquanto o IGC-NM caiu e atingiu, em 2016, período de grave crise econômica,[25] o mesmo patamar da época de sua criação, o Ibovespa chegou a acumular perdas superiores a 20% em relação ao mesmo período de referência. Deste dado pode-se inferir que as companhias com regras mais robustas de governança, participação e proteção acionárias enfrentam menor volatilidade em momentos críticos, provavelmente por serem aquelas em

23 Segundo informações disponibilizadas na página virtual da B3: <http://www.b3.com.br/pt_br/market-data-e-indices/indices/indices-amplos/ibovespa.htm>. Último acesso em: 20 fev. 2020.

24 Os requisitos para inclusão de companhias no Ibovespa estão estabelecidos no manual de Metodologia do Índice Bovespa, publicado pela B3 (abril de 2015). Disponível em: <http://www.b3.com.br/pt_br/market-data-e-indices/indices/indices-amplos/ibovespa.htm>. Último acesso em: 25 fev. 2020.

25 Segundo avaliação do Ministério da Fazenda, tratou-se da pior recessão econômica da História do Brasil. *In*: O ESTADO DE S. PAULO. *Ministério da Fazenda diz que PIB do 1º tri confirma continuidade da recessão*. 1º de junho de 2016. Disponível em <https://economia.estadao.com.br/noticias/geral,ministerio-da-fazenda-diz-que-pib-do-1-tri-confirma-continuida de-da-recessao,10000054618>. Último acesso: 20 fev. 2020.

que acionistas têm mais chances de influenciarem a tomada de decisões e menos possibilidade de sofrerem abuso por parte dos controladores, movimento tentador aos detentores do poder de controle em momentos de dificuldade econômica.

Em suma, o estabelecimento de ambientes acionários mais democráticos, inclusive por meio da autorregulação ou *soft law* não é mero modismo ou protesto infundado de investidores minoritários. Trata-se de fator de prosperidade e sobrevivência das companhias num cenário econômico imprevisível e competitivo.

Ao se falar de autorregulação, cabem também breves comentários a respeito de códigos de boas práticas não pertinentes às relações entre acionistas, mas entre empregados entre si e para com as próprias companhias. Apesar de não ser um tema estritamente conectado à "democracia acionária", é inegável o papel de códigos deontológicos para a regência das atividades cotidianas das companhias. Tais códigos também cumprem importante papel na tentativa de se garantir a minimização dos custos de transação internos e a lisura das operações, algo importante do ponto de vista do investidor e quaisquer terceiros relacionados à companhia, como consumidores, fornecedores e outros "*stakeholders*". Com o sucesso de implementação de tais códigos, ganham as companhias eficiência, diminuem os riscos de imagem e acumulam valor capaz de atrair novos negócios e investimentos.

Ao tratar da importância e benefícios dos códigos deontológicos, LAURETTI explica conformação social contemporânea como a "*sociedade em rede*", em que os cidadãos, empoderados pela crescente capacidade de comunicação e mobilização, exigem o alinhamento entre a legalidade e a legitimidade do poder. Nesse contexto, conforme defendido na parte inicial desta obra, o autor menciona evidências acadêmicas de que "*modelos de governança corporativa e o sistema legal nacional se relacionam sistematicamente com a cultura predominante*".[26] No âmbito corporativo, o encontro dos dois aspectos poderia ser facilitado pela edição de códigos. Pondera o autor que a eficácia de um código depende de sua operação atingir os níveis institucional e simbólico. No primeiro, trata-se de estabelecer limites e expectativas, de forma imparcial, e orientar colaboradores para procedimentos em situações complexas. No segundo, trata-se de transmitir um modelo ideal de conduta e padrões a serem atingidos,

---

26 LAURETTI, Lélio. Legalidade versus legitimidade na sociedade em rede. *Revista Capital Aberto*: 28 de fevereiro de 2020. Disponível em: <https://capitalaberto.com.br/secoes/opiniao/legalidade-versuslegitimidade-na-sociedade-em-rede/. Último acesso: 10 mai. 2020, p.1

dialogando de forma emotiva com seus destinatários.[27] Dessa forma, tais códigos teriam o poder de aumentar a incidência de comportamentos adequados, tornar a conduta ética característica da cultura empresarial e declarar profissionalmente a adesão a parâmetros éticos.[28]

Por sua vez, o professor Newton DE LUCCA sintetiza, em quatro pontos, os argumentos favoráveis e contrários à adoção de códigos deontológicos pelas empresas.[29]

O primeiro ponto se refere à fase de idealização e produção do código, a qual deve abranger, de forma democrática e transparente, o maior número possível de empregados e colaboradores da empresa. Evidentemente, tal abertura pode causar a emergência de cismas e críticas ocultas, as quais, no entanto, aflorariam necessariamente em algum momento - talvez, menos oportuno.

O segundo ponto é a oportunidade de reflexão pessoal gerada pela produção do código para todos os empregados a respeito do alinhamento de suas próprias condutas em relação aos padrões éticos da empresa. Nesse ponto, ainda cabe questionar se o código de ética deveria integrar o contrato de trabalho de cada um deles. DE LUCCA entende afirmativamente, desde que esteja claro que o código servirá como um elemento de preservação ao caráter dos empregados, e não como um instrumento punitivo.

O terceiro é a necessidade de singeleza e objetividade do código, o qual não deve conter formulações rebuscadas e sem conteúdo prático, tal como o enunciado do parágrafo único do art. 1º da Constituição Federal, já alvo de investigação no Capítulo 1 deste trabalho: "*Todo o poder emana do povo, que o exerce por meio de representantes eleitos ou diretamente, nos termos desta Constituição*".

Por fim, o último ponto já trata da própria implementação das regras estabelecidas pelo código. Quaisquer regras estabelecidas com o intuito de criar um ambiente empresarial ético, calcadas em necessária dose de subjetivismo e dependentes de voluntariedade para aplicação (*enforcement*), não terão sucesso se não forem firmemente abraçadas pelos detentores do poder decisório (leia-se "administradores"). Assim, o êxito da implementação dos códigos deontológicos passa pelo exemplo dado pela alta hierarquia da companhia em suas atividades.

---

27 LAURETTI, Lélio. Ob. cit., p. 2.

28 *Ibidem*, p. 3.

29 DE LUCCA, Newton. Ob. cit., p. 350-352.

4.3. Tendências e propostas para a organização empresarial com base na governança corporativa

À luz dos estudos acima, é inevitável concluir pela irreversibilidade do processo de adequação da *"macroempresa"* a determinados princípios estabelecidos pela moderna governança corporativa, seja por pressões de consumidores, incentivos governamentais ou pela percepção dos benefícios trazidos pela adoção de tais princípios para a atração de investimentos e valorização das companhias.

Assim, a economia contemporânea assiste à cobrança dos investidores em relação às companhias por "propósito social", consubstanciadas na sigla "ESG", do inglês *"environmental, social and corporate governance"* (*"ambiental, social e governança corporativa"*, em tradução livre).[30] Estas são algumas das premissas das "Diretrizes da OCDE para Empresas Multinacionais".

O Brasil não está alheio a este processo, tanto que aderiu às Diretrizes da OCDE já em 1997. Em 2019, o País instalou no âmbito do Ministério da Economia, por meio do Decreto nº 9.874, de 27 de junho de 2019, o "Ponto de Contato Nacional", órgão responsável por *"divulgar as Diretrizes, procurar incluí-las na legislação brasileira e nas práticas nacionais, além de observar e resolver casos de alegada inobservância das mesmas"*.[31-32]

30 *"OECD Guidelines for Multinational Enterprises"* ou "Diretrizes da OCDE para Empresas Multinacionais" (2011) representam uma sistematização de orientações para companhias, apoiada pelos países membros da Organização para Cooperação e Desenvolvimento Econômico, visando a encorajar condutas empresariais responsáveis e o desenvolvimento sustentável. Disponível em: <http://www.fazenda.gov.br/assuntos/atuacao-internacional/ponto-de-contato-nacional/diretrizes-da-ocde-para-empresas-multinacionais>. Último acesso em: 22 fev. 2020.

31 Conforme descrito em página virtual do Ministério da Economia: <http://www.fazenda.gov.br/assuntos/atuacao-internacional/ponto-de-contato-nacional>. Último acesso em: 22 fev. 2020. A mesma publicação governamental explica que o Ponto de Contato Nacional é *"um mecanismo de reclamação não judicial. Qualquer pessoa pode acionar o serviço. O pré-requisito é que o caso envolva empresas multinacionais e diga respeito a um dos temas abordados pelas Diretrizes: políticas gerais; transparência; direitos humanos; emprego e relações laborais; meio ambiente; combate à corrupção, à solicitação de suborno e à extorsão; interesses do consumidor; ciência e tecnologia; concorrência e tributação"*.

32 A Portaria nº 548, de 2 de setembro de 2019, da Secretaria Especial de Comércio Exterior e Assuntos Internacionais, designa membros para comporem o Ponto de Contato Nacional para a implementação das Diretrizes da Organização para Cooperação e Desenvolvimento Econômico para as Empresas Multinacionais.

Do ponto de vista de fortalecimento da democracia acionária, as Diretrizes da OCDE estabelecem regras abrangentes de transparência e divulgação de informações. Exemplos de dados a serem divulgados, os quais conferem a minoritários e investidores dimensões reais a respeito da estrutura de controle das companhias são a relação de "*acionistas majoritários e direitos de voto, incluindo a estrutura de um grupo de empresas e as relações intragrupo, bem como mecanismos de reforço do controle*", operações com partes relacionadas e estruturas e políticas de governança.[33]

Num viés mais prático, a própria CVM tem estabelecido regras de transparência para as companhias de capital aberto. O exemplo mais recente disto, o qual demonstra simbiose interessante entre a esfera regulatória estatal e a autorregulação, foi a edição da Instrução CVM nº 586, de 8 de junho de 2017. Esta Instrução alterou a Instrução CVM nº 480, de 7 de dezembro de 2009, obrigando as companhias abertas brasileiras a entregarem periodicamente o "*Informe sobre o Código Brasileiro de Governança Corporativa – Companhias Abertas*".

Este informe está baseado na lógica "Cumpra ou Explique", apresentada na Seção 4.2 acima. Enumera diversos princípios estabelecidos pelo Código acima mencionado e exige que as companhias confirmem a implementação deles ou, em caso negativo, justifiquem o não cumprimento. Assim, investidores capacitam-se para analisar de forma mais objetiva quais companhias oferecem ambientes mais seguros e propícios ao investimento da perspectiva do acionista minoritário carente de proteções e garantias. Exemplos de princípios estabelecidos pelo Código referenciado pela regulação da CVM são: "*1.5 – Independentemente da forma jurídica e dos termos e condições negociados para a transação que der origem à mudança de controle, todos os acionistas da companhia objeto da transação devem ser tratados de forma justa e equitativa*"; e, no caso das sociedades de economia mista, "*1.8 – A orientação das atividades da companhia pelo acionista controlador, de modo que atenda ao interesse público que justificou a criação da sociedade de economia mista, deve ser conciliada com os interesses dos demais acionistas e investidores nos valores mobiliários da companhia*". Ambos os itens, como amostra dos objetivos do Código, demonstram a preocupação em manter o acionista minoritário em condição de igualdade em relação ao controlador, ainda que não em termos de poder de controle, em relação ao aproveitamento dos benefícios gerados por ações ou deliberação dos

---

33 Capítulo III, itens 2 (c), (e) e (h) das "Diretrizes da OCDE para Empresas Multinacionais" (2011).

controladores, evidenciando a criação de um padrão de conduta exigido tanto pelo regulador quanto pelo investidor, e estabelecendo novos patamares de governança dos quais dificilmente haverá alguma regressão. Principalmente, considerando-se a aceleração da integração econômica mundial e aprimoramento dos meios de transmissão e busca de informações.

Retornando-se ao tema da autorregulação pura, a tendência acima mencionada se comprova pela consolidação e robustecimento de outros órgãos além do IBGC, como a Associação Brasileira das Entidades dos Mercados Financeiro e de Capitais (ANBIMA). A ANBIMA, por exemplo, em seu "Código ANBIMA de Regulação e Melhores Práticas para Estruturação, Coordenação e Distribuição de Ofertas Públicas de Valores Mobiliários e Ofertas Públicas de Aquisição de Valores Mobiliários", estabelece como regra para suas entidades associadas o incentivo a que as companhias emissoras de valores mobiliários ofertados publicamente adotem sempre padrões mais elevados de governança corporativa.[34]

Numa demonstração de cooperação entre as diferentes entidades de autorregulação, o Código prevê a descrição, nos documentos das ofertas públicas de ações, de "*práticas de governança corporativa diferenciadas, eventualmente adotadas pela emissora, como, por exemplo, do Código de Melhores Práticas de Governança Corporativa publicado pelo IBGC – Instituto Brasileiro de Governança Corporativa*".[35]

Assim, complementam-se regras de melhores práticas no âmbito externo da companhia, por meio de orientações para a interação da companhia com o mercado, e no âmbito interno, na interação entre acionistas e entre eles e a companhia. As companhias, então, passam a contar com um arcabouço de regras próprio,[36] adaptável às transformações do mercado e mais moderno do que aquele oferecido por lei.

---

34 Art. 9º, XIII, do Código ANBIMA de Regulação e Melhores Práticas para Estruturação, Coordenação e Distribuição de Ofertas Públicas de Valores Mobiliários e Ofertas Públicas de Aquisição de Valores Mobiliários.

35 Art. 13, § 1º, I, do Código ANBIMA de Regulação e Melhores Práticas para Estruturação, Coordenação e Distribuição de Ofertas Públicas de Valores Mobiliários e Ofertas Públicas de Aquisição de Valores Mobiliários.

36 Neste arcabouço, podem ser incluídas diversas "políticas" cuja elaboração é sugerida pelo Código de Melhores Práticas de Governança Corporativa do IBGC, como "Política de Destinação de Resultados", "Política de Indicação e Preenchimento de Cargos de Conselho de Administração", "Política de Transações com Partes Relacionadas", "Política sobre Contribuições e Doações" e "Plano de Sucessão do Diretor-Presidente".

A adesão a padrões e práticas especiais de governança se tornam, ao fim, verdadeiros diferenciais competitivos das companhias. Na visão do mercado, passam a ser compreendidos como requisitos mínimos para o recebimento de investimentos o estabelecimento, pela sociedade, de regras claras e equânimes relacionadas a direitos como participação nos lucros, voto, fiscalização dos atos praticados e documentos produzidos pela administração, informação verdadeira, transparente e clara, e percepção de benefícios em operações societárias (direito de preferência para aquisição de ações em determinadas situações, *tag along*, entre outros).

Além de todas as transformações já perceptíveis em matéria de governança corporativa, a doutrina jurídica e o mercado têm indagado quais novas transformações e movimentos devem ser observados nos próximos anos.

Entre as tendências costumeiramente apontadas, estão a ênfase crescente no estabelecimento de valores organizacionais claros, com o intuito de orientar as companhias ao cumprimento de normas regulatórias e da ética empresarial.[37]

ROSSETTI e ANDRADE sintetizam em quatro palavras as tendências da governança corporativa para os próximos anos: convergência, adesão, diferenciação e abrangência.[38]

A convergência é o resultado do movimento direcional dos mecanismos de autorregulação (e do próprio Direito Societário, como explorado acima) rumo à uniformização de determinados padrões de governança. Esta tendência é nítida, haja vista o explicado surgimento do movimento da *Corporate Governance* nos Estados Unidos da América e no Reino Unido, seu espalhamento para países da Europa Continental como a Alemanha e seus resultados no Brasil.

Por sua vez, a "adesão" significa a aceitação e implementação, seja por imposição legal, seja por iniciativa privada, de práticas de governança corporativa, principalmente pela constatação de que, como visto anteriormente, elas têm o efeito de aumentar o valor de mercado das companhias nas quais são aplicadas. Além disso, companhias e países

---

37 ALLEN & OVERY. *Culture, compliance, and corporate governance in the new decade*. 28 de janeiro de 2020. Disponível em: <https://www.allenovery.com/en-gb/global/news-and-insights/publications/culture-compliance-and-corporate-governance-in-the-new-decade>. Último acesso em: 22 fev. 2020.

38 ROSSETTI, José Paschoal; ANDRADE, Adriana. *Governança Corporativa:* Fundamentos, Desenvolvimento e Tendências. 7ª ed. São Paulo: Atlas, 2014, p. 551.

que não venham a internalizar tais práticas inexoravelmente estarão em desvantagem competitiva no que tange à atração de capitais.

A diferenciação, a seu turno, não é oposta à convergência. Trata-se da especificação de companhias em diferentes segmentos de listagem de bolsas de valores (como o Novo Mercado e os Níveis 1 e 2 da B3) ou em distintas categorias conforme análises de empresas de classificação de riscos. Estas iniciativas auxiliam investidores a precificar de forma mais precisa os ativos investidos, dando ao mercado transparência sobre práticas de governança adotadas por determinadas companhias e minimizando os custos de transação atrelados à realização de pesquisas independentes.

Por fim, a abrangência se refere aos fins perseguidos pela governança corporativa, os quais devem considerar os anseios não apenas dos acionistas detentores do poder de controle, mas também de minoritários, consumidores e comunidade, em linha com a perspectiva institucionalista explorada neste trabalho. Por esta concepção, quanto mais abrangente for determinado programa de governança corporativa, menos suscetível a pressões ele será e mais prováveis serão o sucesso e durabilidade de seus resultados.

As iniciativas regulatórias, os avanços da autorregulação e as tendências descritas nesta Seção são um indicador claro da irreversibilidade do processo de afirmação da governança corporativa como uma vertente da estruturação e disciplina das sociedades empresárias.

Ao mesmo tempo em que contribuem para o fortalecimento e afirmação da democracia acionária, por terem como princípio a relação pacífica entre acionistas e o nivelamento de direitos, os padrões de governança corporativa não existem como regras estanques e impositivas capazes de tornar sem efeito a autonomia privada, a criatividade dos empreendedores e as necessidades específicas de cada companhia por seu porte ou ramo de atuação.

Assim, na economia moderna, Direito Societário torna-se indissociável da ideia de governança corporativa, principalmente se o intérprete tiver como norte a busca de soluções orientadas a criar companhias menos propensas a conflitos societários, capazes de agregar maior valor às suas atividades por força de adequada estruturação das regras acionárias e geradoras de maiores benefícios aos seus sócios e à coletividade.

5

Conclusão

O percurso empreendido ao longo desta obra enfrentou desafios diversos. Em primeiro lugar, o de se trabalhar na delimitação e adequação do conceito de democracia à realidade societária. A dificuldade primordial desta tarefa é o fato de não haver nenhuma lei, regra ou princípio que determine a existência de um regime democrático nas sociedades empresárias. Tampouco são as sociedades entidades soberanas e de associação obrigatória, constituídas com a finalidade de disciplinar a vida em coletividade. São, indubitavelmente, veículos jurídicos coletivos formados para o desempenho de atividades econômicas com vistas à aferição de lucros.

Mesmo assim, a aplicação de práticas tendentes a democratizar as relações societárias, desde que não desnaturem a sociedade em seus objetivos precípuos, pode ser benéfica para acionistas, para o mercado e para a coletividade. Mais do que isso, é exigida pelo mercado como resultado da internalização individual dos novos conceitos de organização e distribuição do poder a partir de mudanças culturais e políticas ocorridas no âmbito da cidadania.

O cuidado necessário do intérprete do Direito Societário deve ser no sentido de não transpor, sem as devidas adaptações, a noção de democracia para o âmbito empresarial, mantendo presentes ao longo deste processo as peculiaridades da atividade com fim lucrativo e da formação das sociedades empresárias.

Superada a primeira etapa, o desafio foi voltar a análise para a realidade brasileira, inclusive como forma de retribuição à universidade pública pela oportunidade de desenvolvimento do presente trabalho. E, coincidentemente, o contexto nacional pode ser considerado aquele que oferece terreno mais fértil para este tipo de investigação, por dois motivos principais.

O primeiro motivo é a formação do poder econômico no Brasil. Desde os tempos da colonização portuguesa, cuja afirmação territorial ocorreu por meio da concessão pela Coroa de "capitanias hereditárias"[1] a capitães donatários, passando pelos diversos ciclos

---

1 Segundo a Enciclopédia Britannica, "*O território* [brasileiro] *foi dividido em capitanias, doadas a pessoas da confiança do rei português. Os donatários — aqueles que*

econômicos extrativistas e agrícolas, como o do ouro, da borracha ou do café, e chegando-se à atualidade com os grandes conglomerados empresariais dos ramos de infraestrutura, alimentos e financeiro, a economia do País foi majoritariamente comandada por grupos seletos de famílias, as quais tiveram a possibilidade de acumular riquezas primitivamente e mantiveram relações próximas com os centros de poder político. Em outras palavras, o Brasil sempre foi um país de economia oligárquica, naturalmente avessa à adoção de princípios democráticos.

A segunda razão é de natureza jurídica. Seja pelo histórico mencionado acima, pelo regime ditatorial brasileiro nos anos 1960 e 1970, ou até pela alegada necessidade de um marco legal capaz de permitir a realização de empreendimentos relevantes, a Lei das Sociedades por Ações teve origem como um instrumento de manutenção do controle societário por minorias. Isto não diminui, de forma alguma, os méritos de seus autores pela construção de um diploma legal quadragenário, de complexidade e completude ímpares no ordenamento jurídico brasileiro.[2] Porém, cenários econômicos mudam, assim como evoluem a velocidade e os meios de transmissão de informações e o perfil e exigências do público investidor.

Para o atendimento a estas demandas por transformações, são necessárias, como vêm sendo feitas, mudanças no arcabouço legal, as quais passam necessariamente pela democratização das relações acionárias.

No entanto, mudanças legislativas, especialmente em relação a diplomas legislativos tão bem estruturados, são morosas e nem sempre traduzem as verdadeiras necessidades dos atores econômicos com menor vigor político e financeiro. Assim, surgem como alternativas que não podem ser

recebiam as capitanias — comprometiam-se a povoar a terra com gente portuguesa e investir em atividades econômicas. Podiam escravizar indígenas, distribuir terras (os lotes denominados sesmarias), criar vilas e cobrar tributos. Em troca, pagariam ao governo português um décimo de tudo o que produzissem e ganhassem (imposto denominado "dízimo"). As capitanias não eram propriedade dos donatários, pois pertenciam na verdade ao rei — mas eram hereditárias, ou seja, passavam de pai para filho". Disponível em: <https://escola.britannica.com.br/artigo/capitania/483156>. Último acesso em: 22 fev. 2020.

2 Não por acaso, a Lei das Sociedades por Ações já foi referida como um "*monumento legislativo*". Exemplo deste tipo de menção honrosa foi feito por Paulo Cezar ARAGÃO no prefácio da obra *Direito Societário: estudos sobre a Lei das Sociedades por Ações*. Alexandre Couto Silva (coord.). São Paulo: Saraiva, 2012.

ignoradas pelo acadêmico de Direito as iniciativas no campo da autorregulação, especialmente, em matéria de governança corporativa.

A governança corporativa emerge no cenário da disciplina empresarial com vigor, apresentando soluções de implementação simples e muitas vezes voluntária, gerando efeito positivo para investidores e acionistas minoritários e também para as companhias. No caso dos primeiros, a adoção de padrões de governança gera segurança e disposição para a alocação direta da poupança popular em atividades produtivas. No caso das segundas, apresenta-se como diferencial competitivo para seus aderentes, percepção reforçada justamente pelo fato de suas práticas serem adotadas voluntariamente.

Dessa forma, a investigação exposta nestas páginas oferece ao intérprete do Direito um caminho para a persecução de um Direito Societário condizente com os contextos social e econômico experimentados atualmente, e aponta em orientação ao estudioso as ferramentas disponíveis para a realização deste objetivo, compreendendo um referencial teórico e identificando as normas legais afetadas por esta análise.

Aqui tampouco deseja-se retratar a democracia como modelo perfeito e livre de falhas, seja no âmbito estatal, seja no âmbito corporativo. Muitas críticas podem ser feitas ao modelo democrático tal como experimentado até hoje pelas civilizações humanas, haja vista a análise de KANT:

> *Sob as três formas de Estado está a democracia, que no próprio entendimento da palavra é necessariamente um despotismo, porque funda seu Poder Executivo no fato de todos os indivíduos estarem acima de tudo em todas as situações, inclusive contra um único indivíduo (que, portanto, não concorda). Assim, esse todo, que não são todos de fato, decide; o que é uma contradição da vontade geral com ela mesma e com a liberdade*[3] (Tradução livre.)

Embora criticável, não é o objetivo desta Conclusão esmiuçar a visão kantiana da democracia. A visão do filósofo alemão é mencionada neste ponto final justamente como uma prova de que o objetivo aqui perseguido não é propor um modelo de organização societária perfeito, ou até sugerir a existência de um. Este estudo, como deve ser o caso de todos os estudos em Direito Societário, visa compreender as relações de

3 No original: "*Unter den drei Staatsformen ist die der Demokratie, im eigentlichen Verstände des Worts, nothwendig ein Despotismus, weil sie eine executive Gewalt gründet, da Alle über und allenfalls auch wider Einen, (der also nicht mit einstimmt,) mithin Alle, die doch nicht Alle sind, beschließen; welches ein Widerspruch des allgemeinen Willens mit sich selbst und mit der Freiheit ist.*". KANT, Immanuel. *Immanuel Kant's Werke*, v. 5-6. Editora Modes und Baumann, 1838, p. 425.

poder no âmbito empresarial e propor melhorias, adequações e maneiras de reequilibrá-las.

Em outras palavras, investigações acadêmicas sobre relações de poder no âmbito de organizações coletivas humanas jamais poderão ter a pretensão da completude e da definitividade. Afinal, todos os modelos propostos terão alguma falha, seja pelo excesso de poder atribuído ao seu titular e a consequente sujeição exagerada dos demais integrantes da entidade coletiva, seja pela insuficiência do poder e a resultante ingovernabilidade de tal entidade.

Assim, a inspiração democrática aparece como uma solução viável, por, ao menos até a atualidade, ter se apresentando como uma alternativa duradoura e estável no âmbito estatal. Como forma de conciliar, então, a proposição kantiana e esta constatação, recorre-se ao humor ácido de Winston CHURCHILL[4] ao descrever a democracia: "*Deveras, têm-se dito que a democracia é a pior forma de governo, com exceção de todas as outras formas que já foram tentadas ao longo do tempo*" (tradução livre).[5] Para este trabalho, esta frase serve como alento sobre o referencial escolhido, mas também como um alerta das falhas e contradições inerentes ao regime democrático, bem como de sua irrefutável imperfeição.

Assim, encerra-se esta obra com um objetivo atingido, qual seja o de expor e debater ideias e fundamentos jurídicos para o aprimoramento das organizações empresariais em consonância com a evolução política e social experimentada pela civilização capitalista ocidental, dando especial atenção ao cenário nacional. No entanto, permanece por ser cumprido um objetivo cujos meios e o tempo não estão à disposição do autor, mas sim do legislador e dos acadêmicos que virão: o de aprimorar as relações entre os membros de sociedades empresárias, preservando simultaneamente a proteção a minoritários e a criatividade empreendedora, sem deixar de privilegiar a higidez sistêmica do mercado de capitais e da economia integralmente considerada.

---

4 Winston Churchill (1874-1965) foi um político e estadista britânico, que serviu como Primeiro-Ministro britânico por dois períodos, inclusive durante a Segunda Guerra Mundial.

5 Em discurso na Câmara dos Comuns do Parlamento Inglês, em 11 de novembro de 1947. No original: "*Indeed, it has been said that democracy is the worst form of Government except all those other forms that have been tried from time to time*". REINO UNIDO. *Debate on Amendment to Question [10th November]. Parliament Bill.* 11 de novembro de 1947 Disponível em: <https://api.parliament.uk/historic-hansard/commons/1947/nov/11/parliament-bill#S5CV0444P0_19471111_HOC_292>. Último acesso em: 23 fev. 2020.

6

Referências

ACEMOGLU, Daron; NAIDU, Suresh; RESTREPO, Pascual; e ROBINSON, James A. Democracy Does Cause Growth. *Journal of Political Economy*, v. 127, Number 1 | February 2019. University of Chicago Press Journals. Publicação original em 1° maio 2015. Disponível em: <https://economics.mit.edu/files/10759>. Último acesso em: 3 fev. 2019.

ADAMEK, Marcelo Vieira Von. *Abuso de Minoria em Direito Societário (abuso das posições subjetivas minoritárias)*. Tese de Doutorado apresentada à Faculdade de Direito da Universidade de São Paulo. Orientador: Prof. Dr. Erasmo Valladão Azevedo e Novaes França. 2010.

ALEMANHA, *Código de Governança Corporativa Alemão*, versão de 7 fev. 2017. <http://www.dcgk.de//files/dcgk/usercontent/en/download/code/170214_Code.pdf>. Acesso em: 7 out. 2017.

ALEXY, Robert. *Teoria dos Direitos Fundamentais*. São Paulo: Malheiros, 2011. Tradução de Virgílio Afonso da Silva da 5ª edição alemã (*Theorie der Grundrechte*) publicada pela Suhrkamp Verlag (2006).

ALLEN & OVERY. *Culture, compliance, and corporate governance in the new decade*. 28 jan. 2020. Disponível em: < https://www.allenovery.com/en-gb/global/news-and-insights/publications/culture-compliance-and-corporate-governance-in-the-new-decade>. Último acesso em: 22 fev. 2020.

ALMEIDA, Napoleão Mendes de. *Dicionário de Questões Vernáculas*. 4ª ed. São Paulo: Ática, 1998.

ARENDT, Hannah. *Macht und Gewalt*. Munique, 1970.

ARISTÓTELES. *A Política*. Domínio Público. Disponível em: <http://www.dominiopublico.gov.br/pesquisa/DetalheObraForm.do?select_action=&co_obra=6486>. Último acesso em: 10 maio 2020.

ARMOUR, John; HANSMANN, Henry; e KRAAKMAN, Reinier. The Essential Elements of Corporate Law: What is Corporate Law? Harvard John M. Olin Center for Law, Economics, and Business. Discussion Paper nº 643 7/2009. Harvard Law School, Cambridge, MA 02138. ISSN 1936-5349 (print) ISSN 1936-5357 (on-line).

ARTHURS, Harry William. *Law and Learning: Report to the Social Sciences and Humanities Research*. Council of Canada by the Consultative Group on Research and Education in Law, Information Division, Social Sciences and Humanities Research Council of Canada, Ottawa, 1983.

ASCARELLI, Tullio. A atividade do empresário. *Revista de Direito Mercantil* nº 132.

______. *Problemas das Sociedades Anônimas e Direito Comparado*. Campinas: Bookseller, 2001. 1ª ed. e São Paulo: Saraiva, 1969. 2ª ed.

B3. *Metodologia do Índice de Governança Corporativa – Novo Mercado (IGC-NM)*. Abril de 2015. Disponível em: <http://www.b3.com.br/pt_br/market-data-e-indices/indices/indices-de-governanca/indice-de-governanca-corporativa-novo-mercado-igc--nm.htm>. Último acesso em: 25 fev. 2020.

_____. *Metodologia do Índice Bovespa*. Abril de 2015. <http://www.b3.com.br/pt_br/market-data-e-indices/indices/indices-amplos/ibovespa.htm>. Último acesso em: 20 fev. 2020.

_____. *Regulamento do Novo Mercado* (em vigor desde 2 jan. 2018). Disponível em: <http://www.b3.com.br/pt_br/regulacao/estrutura-normativa/listagem/>. Acesso em: 25 de fevereiro de 2020.

BBC Brasil. *Empresa aponta 'manipulação' em eleições na Venezuela*. 2 ago. 2017. <http://www.bbc.com/portuguese/internacional-40807344>. Acesso em: 3 out. 2017.

BERLE Jr., A.A.; MEANS, G. *The Modern Corporation and Private Property*. Nova Iorque: Ed. Revista, 1967. ed. Orig. 1932.

BERLE Jr., A.A. *For Whom Corporate Managers Are Trustees:* A Note. 45 *Harv. L. Rev.* 1365, 1367-68, 1372 (1931).

_____. *Foreword to Edward S. Mason Rt Al., The Corporation In Modern Society* ix, xii (Edward S. Mason ed., 1959).

BOBBIO, Norberto. *O Futuro da Democracia:* uma defesa das regras do jogo. Turim: Giulio Einaudi Editore S.P.A., 1984. Tradução e publicação no Brasil: Editora Paz e Terra, Rio de Janeiro, 1986.

BÖTTCHER, Lars & BLASCHE, Sebastian. The Limitations of the Management Board's Directive Powers in German Stock Corporations. *German Law Journal*, v. 11, nº 5.

BRASIL. *Exposição de Motivos da Lei de Sociedades Por Ações*. Disponível em: <http://www.cvm.gov.br/export/sites/cvm/legislacao/leis-decretos/anexos/EM196-Lei6404.pdf>. Último acesso em: 5 maio 2019.

_____. Comissão de Valores Mobiliários. Processo Administrativo Sancionador nº 04/1999, Rel. Diretor Luiz Antonio de Sampaio Campos, j. 14 abr. 2002.

_____. Ministério do Desenvolvimento, Indústria e Comércio Exterior. Parecer Jurídico DNRC/COJUR/Nº 133/05. Disponível em: <http://www.facil.dnrc.gov.br/pareceres/arquivos/Pa133-05.pdf>. Último acesso em: 5 jan. 2018.

_____. Ministério do Desenvolvimento, Indústria e Comércio Exterior. *Manual de Registro da Sociedade Limitada*, instituído pela Instrução Normativa nº 38 do Departamento de Registro Empresarial e Integração, de 2 mar. 2017, conforme alterada.

_____. Supremo Tribunal Federal. Agravo de Instrumento AI 831.020/RJ, Rel. Min. Cezar Peluso, j. 30 jul. 2012, *DJe* 13 ago. 2012.

_____. Supremo Tribunal Federal. *Habeas Corpus* nº 82.424-2/RS, Rel. Min. Moreira Alves, j. 17 set. 2003, *DJ* 19 mar. 2004.

BULGARELLI, Waldirio. *Regime Jurídico de Proteção às Minorias*. Rio de Janeiro: Renovar, 1998.

CAMPOS, Pedro Henrique Pedreira. *A Ditadura dos Empreiteiros*. Tese de Doutorado apresentada no âmbito do programa de Pós-Graduação da Universidade Federal Fluminense. 2012.

CARVALHOSA, Modesto. *Comentários à Lei das Sociedades Anônimas, 2º v.: artigos 75 a 137*. São Paulo: Saraiva, 2001.

CASTRO, Rodrigo Rocha Monteiro de. *Controle Gerencial*. São Paulo: Quartier Latin, 2010.

CASTRO, Rodrigo Rocha Monteiro de; AZEVEDO, Luís André N. de Moura (coord.). São Paulo: Quartier Latin, 2010. *In:* COELHO, Fábio Ulhôa. *"Democratização" das Relações entre os Acionistas. Poder de Controle e Outros Temas de Direito Societário e Mercado de Capitais.*

CATEB, Alexandre Bueno; OLIVEIRA, Fabrício de Souza. *Breves anotações sobre a função social da empresa*. Berkeley Program in Law and Economics – Latin American and Caribbean Law and Economics Association (ALACDE) Annual Papers. University of California, Berkeley, paper 052907'1, 2007.

CIEPLEY, David A. Is the U.S. Government a Corporation? The Corporate Origins of Modern Constitutionalism. 23 set. 2016). *American Political Science Review*, Forthcoming. Disponível em: <https://ssrn.com/abstract=2842920>. Acesso em: 24 de novembro de 2018.

CLARK, Robert Charles. Corporate Governance Changes in the Wake of the Sarbanes-Oxley Act: A Morality Tale for Policymakers Too. 5 de dezembro de 2005. *Harvard Law and Economics Discussion Paper* nº 525. <https://ssrn.com/abstract=808244>. Acesso em: 3 out. 2017.

CLUSELLAS, Eduardo L. Gregorini. *La Protección de las Minorias en las Sociedades Anónimas*. Buenos Aires: Abeledo Perrot, 1959.

COELHO, Fábio Ulhôa. "Democratização" das Relações entre os Acionistas. *In: Poder de Controle e Outros Temas de Direito Societário e Mercado de Capitais.* CASTRO, Rodrigo R. Monteiro de; AZEVEDO, Luís André N. de Moura (coord.). São Paulo: Quartier Latin, 2010.

COMPARATO, Fábio Konder. *Aspetos Jurídicos da Macroempresa*. São Paulo: Revista dos Tribunais, 1970.

COMPARATO, Fábio Konder e SALOMÃO FILHO, Calixto. *O Poder de Controle na Sociedade Anônima*. 5ª ed. São Paulo: Forense, 2005.

COSTA, Philomeno Joaquim da. *Anotações às Companhias*. São Paulo: Revista dos Tribunais, 1980.

COUTINHO, Sérgio Mendes Botrel. *O direito das sociedades anônimas e a teoria dos direitos fundamentais: uma proposta de leitura constitucional do direito societário*. Tese (doutorado), Pontifícia Universidade Católica de Minas Gerais, Belo Horizonte, 2008. Orientador: Professor Dr. César Augusto de Castro Fiúza.

CUNHA, Rodrigo Ferraz Pimenta da. *Estrutura de Interesses nas Sociedades Anônimas: Hierarquia e Conflitos*. São Paulo: Quartier Latin, 2007.

DALLARI, Dalmo de Abreu. *Elementos de Teoria Geral do Estado*. São Paulo: Saraiva, 2010.

DE LUCCA, Newton, e SIMÃO FILHO, Adalberto (coord.). *Comentários à Nova Lei de Recuperação de Empresas e Falências*. São Paulo: Quartier Latin, 2005.

DE LUCCA, Newton. *Da ética geral à ética empresarial*. São Paulo: Quartier Latin, 2009.

DODD Jr., E. Merrick. For Whom Are Managers Trustees? 45 *Harv. L. Rev.* 1145, 1160-62 (1931).

DOMINGUES, Alessandra de Azevedo. Da Função Social da Empresa à Responsabilidade Social. *In: Direito Empresarial, Direito do Espaço Virtual e Outros Desafios do Direito:* Homenagem ao Professor Newton De Lucca. FORGIONI, Paula A., DEL NERO, Patrícia Aurélia, DEZEM, Renata Mota Maciel, e MARQUES, Samantha Ribeiro Meyer-Pflug (coord.). São Paulo: Quartier Latin, 2018.

EASTERBROOK, Frank H., e FISCHEL, Daniel R. *The Economic Structure of Corporate Law.* United States: Harvard University Press, 1998 (fourth printing).

EISENBERG, Melvin A. The Structure of the Corporation: a Legal Analysis. Boston and Toronto: Little, Brown and Company, 1976.

EIZIRIK, Nelson. *A Lei das S/A Comentada.* V. II. Artigos 80 a 137. 2ª ed. rev. ampl. São Paulo: Quartier Latin, 2015.

ENGELS, Friedrich. *A Origem da Família, da Propriedade Privada e do Estado.* Rio de Janeiro: Vitória, 1960.

FALBO, Ricardo Nery. *A contribuição da Teoria Crítica para o Direito. In: Metodologia da Pesquisa em Direito.* BELO, Enzo, e ENGELLMAN, Wilson (coord.). Caxias do Sul, RS: Educs, 2015.

FAORO, Raymundo. *Os Donos do Poder.* 3ª ed. rev. Rio de Janeiro: Globo, 2001.

FARIA, José Eduardo. *Direito e Economia na Democratização Brasileira.* São Paulo: Malheiros, 1993.

FARINA, Elizabeth e Outros. *Competitividade:* Mercado, Estado e Organizações. São Paulo, Singular, 1997.

FERREIRA FILHO, Manoel Gonçalves. *Curso de Direito Constitucional.* 35ª ed. São Paulo: Saraiva, 2009

FORGIONI, Paula Andrea. *A evolução do direito comercial brasileiro. Da mercancia ao mercado.* 3ª ed. São Paulo: RT, 2016.

FRANÇA, Erasmo Valladão Azevedo e Novaes. *Conflito de Interesses nas Assembleias de S/A.* 2ª ed. São Paulo: Malheiros Editores, 2014.

FUKUYAMA, Francis. *O fim da história e o último homem.* Rio de Janeiro: Rocco, 1992.

GALGANO, Francesco. *La Forza del Numero e la Legge Della Ragione:* Storia del Principio di Maggioranza. Bolonha (Itália): Il Mulino, 2007.

GELTER, Martin. Taming or Protecting the Modern Corporation? Shareholder-Stakeholder Debates in a Comparative Light. *Fordham Law Legal Studies Research Paper* nº 1669444; *ECGI - Law Working Paper* nº 165/2010; *NYU Journal of Law & Business*, v. 7, Issue. 2, 2011. Disponível em: https://ssrn.com/abstract=1669444. Acesso em: 22 maio 2019.

GENN, Dame Hazel. *The Nuffield Inquiry on Empirical Legal Research*. 2006. Disponível em: <https://www.nuffieldfoundation.org/sites/default/files/Law%20in%20the%20Real%20World%20full%20report.pdf>. Acesso em: 10 out. 2017.

GILBERT, Martin. *O Holocausto*. São Paulo: Hucitec, 2010.

GOLDSCHMIDT, Roberto. *Problemas Juridicos de la Sociedad Anonima*. Buenos Aires: Depalma, 1946.

GUERREIRO, José Alexandre Tavares. Sociedade anônima: poder e dominação. *Revista de Direito Mercantil, Industrial, Econômico e Financeiro,* nº 53. jan./mar. 1984. São Paulo: Revista dos Tribunais.

_____. Sociedade Anônima: dos Sistemas e Modelos ao Pragmatismo. *In: Poder de Controle e Outros Temas de Direito Societário e Mercado de Capitais*. CASTRO, Rodrigo R. Monteiro de, e AZEVEDO, Luís André N. de Moura (coord.). São Paulo: Quartier Latin, 2010.

_____. Direito de retirada: um limite ao princípio majoritário na sociedade anônima. *In: Revista de Direito Mercantil, Industrial, Financeiro e Econômico,* nº 151/152, dez. 2019.

HABERMAS, Jürgen. *Direito e Democracia:* entre a facticidade e a validade. Rio de Janeiro: Tempo Brasileiro, 1997.

HANSMANN, Henry; e KRAAKMAN, Reinier. The End of History for Corporate Law. *Yale Law School Program for Studies in Law, Economics, and Public Policy Law and Economics Working Paper* nº 235. Jan. 2000. Disponível em: <http://papers. ssrn. com/paper.taf?abstract_id=204528>. Último acesso em: 19 jan. 2019.

INSTITUTO BRASILEIRO DE GOVERNANÇA CORPORATIVA. *Página "Governança"*. Disponível em: <http://www.ibgc.org.br/index.php/governanca/governanca-corporativa>. Acesso em: 24 set. 2017.

_____. *Código de Melhores Práticas de Governança Corporativa*. 5ª ed. Disponível em: <http://www.ibgc.org.br/userfiles/files/Publicacoes/Publicacao-IBGCCodigo-CodigodasMelhoresPraticasdeGC-5aEdicao.pdf>. Último acesso em: 25 jan. 2019.

ISTO É. *Carmen Lúcia: Praça Virtual Pode Ser Nova Ágora e Ajudar na Democracia Direta*. Disponível em: <https://istoe.com.brcarmen-lucia-praca-virtual-pode-ser-nova-agora-e-ajudar-na-democracia-direta/>. Último acesso em: 27 dez. 2018.

KANT, Immanuel. *Immanuel Kant's Werke*, v. 5-6, Editora Modes und Baumann, 1838.

KELSEN, Hans. *A Democracia*. 2ª ed. São Paulo: Martins Fontes, 2000.

KESSLER, William Conrad. The German Corporate Law of 1937. *The American Law Review*. American Economic Association. v. 28, nº 4 (dez. 1938).

KÜBLER, Friedrich. Should Corporate Law be Efficient? *In: Temas essenciais de direito empresarial:* estudos em homenagem a Modesto Carvalhosa. KUYVEN, Luiz Fernando Martins (coord.). São Paulo: Saraiva, 2012.

LAFER, Celso. *Parecer. O Caso Ellwanger:* antissemitismo como crime da prática do racismo. 2003. Disponível em: <https://www2.senado.leg.br/bdsf/bitstream/handle/id/948/R162-08.pdf?sequence=4>. Acesso em: 19 jun. 2019.

LAMEIRA, Valdir. *Governança Corporativa.* Rio de Janeiro: Forense Universitária, 2001.

LAMY FILHO, Alfredo; BULHÕES PEDREIRA, José Luiz (coord.). *Direito das Companhias.* Rio de Janeiro: Forense, 2009.

_____. Notas sobre a história das companhias. *In: A Lei das S/A.* 3ª ed. Rio de Janeiro: Renovar, 1997. 1º v.

LAMY FILHO, Alfredo. *Temas de S.A.* Rio de Janeiro: Rio de Janeiro: Renovar, 2007.

LAURETTI, Lélio. Legalidade Versus Legitimidade na Sociedade em Rede. *Revista Capital Aberto,* 28 fev. 2020. Disponível em: <https://capitalaberto.com.br/secoes/opiniao/legalidade-versuslegitimidade-na-sociedade-em-rede/. Último acesso em: 10 maio 2020.

LAZZARESCHI NETO, Alfredo Sérgio. *Lei das Sociedades por Ações Anotada.* 4ª ed. rev., atual. e ampl. São Paulo: Saraiva, 2012.

LEÃES, Luiz Gastão Paes de Barros. *Do Direito do Acionista ao Dividendo.* São Paulo: Obelisco, 1969.

LEITE, Leonardo Barém. Governança Corporativa – Considerações sobre sua Aplicação no Brasil. *In: Poder de Controle e Outros Temas de Direito Societário e Mercado de Capitais.* CASTRO, Rodrigo R. Monteiro de, e AZEVEDO, Luís André N. de Moura (coord.). São Paulo: Quartier Latin, 2010.

LOBO, Jorge. Princípios de Governança Corporativa. *Revista de Direito Mercantil,* Industrial, Econômico e Financeiro nº 142, abr.-Jun. 2006.

LODI, João Bosco. *Governança Corporativa: O Governo da Empresa e o Conselho de Administração.* Rio de Janeiro: Campus, 2002.

MALUF, Sahid. *Teoria Geral do Estado.* Atualizador Prof. Miguel Alfredo Maluf Neto. 34ª ed. São Paulo: Saraiva Educação, 2018.

MONTESQUIEU. *O Espírito das Leis.* São Paulo: Martins Fontes, 2000 (1ª ed. 1993). Publicação original em 1747.

MORAES, Alexandre de. *Direito Constitucional.* São Paulo: Atlas, 1997.

MORCK, R.; STEIER, L. The Global History of Corporate Governance: An Introduction. In:

MORCK, R. (Org). *A History of Corporate Governance Around the World:* Family Business Groups to Professional Managers. National Bureau of Economic Research, 2005. Disponível em: <http://www.nber.org/papers/w11062>. Acesso em: 22 set. 2017.

NORTH, Douglass. *Structure and Change in Economic History.* WW Norton & Company, 1981.

O ESTADO DE S. PAULO. *País privatizou 100 estatais em dez anos.* Por DANTAS, Fernando. 8 out. 2010. Disponível em: <http://brasil.estadao.com.br/noticias/geral,pais-privatizou-100-estatais-em-dez-anos-imp-,622239>. Acesso em: 1º out. 2017.

_____. *Ministério da Fazenda diz que PIB do 1º tri confirma continuidade da recessão.* 1º jun. 2016. Disponível em: <https://economia.estadao.com.br/noticias/geral,-ministerio-da-fazenda-diz-que-pib-do-1-tri-confirma-continuidade-da-recessao,10000054618>. Último acesso em: 20 fev. 2020.

OIOLI, Erik Frederico. Dispersão do Controle Acionário no Brasil: reflexões atuais e perspectivas futuras sobre a quebra de paradigmas na lei das sociedades anônimas. *In:* CASTRO, Leonardo Freitas de Moraes e (org.). *Mercado financeiro e de capitais:* regulação e tributação. São Paulo: Quartier Latin, 2015.

ORGANIZAÇÃO PARA A COOPERAÇÃO E DESENVOLVIMENTO ECONÔMICO (OCDE).

G20/OECD Principles of Corporate Governance. Setembro de 2015. Disponível em: <https://www.oecd.org/daf/ca/Corporate-Governance-Principles-ENG.pdf>. Acesso em: 13 out. 2017.

_____. *OECD Guidelines for Multinational Enterprises* ou Diretrizes da OCDE para Empresas Multinacionais. 2011. Disponível em: <http://www.fazenda.gov.br/assuntos/atuacao-internacional/ponto-de-contato-nacional/diretrizes-da-ocde-para-empresas-multinacionais>. Último acesso em: 22 fev. 2020.

PARENTE, Norma. Principais Inovações Introduzidas pela Lei nº 10.303, de 31 de outubro de 2001, à Lei de Sociedades por Ações. *In: Reforma da Lei das Sociedades Anônimas – Inovações e Questões Controvertidas da Lei nº 10.303, de 31.10.2001.* LOBO, Jorge (coord.). São Paulo: Forense, 2002.

PARGENDLER, Mariana. *Evolução do Direito Societário:* Lições do Brasil. São Paulo: Saraiva, 2013.

_____. The Grip of Nationalism on Corporate Law. *ECGI Working Paper Series in Law. Working Paper* nº 437/2019. Janeiro de 2019. Disponível em: <https://papers.ssrn.com/sol3/papers.cfm?abstract_id=3144451>. Último acesso em: 10 maio 2020.

PELA, Juliana Krueger. *As Golden Shares no Direito Brasileiro*. São Paulo: Quartier Latin, 2012.

PESSOA, Daniel Tardelli; GUILLOT, Fabiana Fadel; VERAS, Gabriel Aragão; MARTINI, Isabela Lins. *Sociedades limitadas: disfunções e necessidade de reforma*. Portal JOTA, 25 maio 2017. Disponível em: <https://jota.info/colunas/coluna-do-levy-salomao/sociedades-limitadas-disfuncoes-e-necessidade-de-reforma-25052017>. Acesso em 2 out. 2017.

PINTO JÚNIOR, Mário Engler. *O Estado como Acionista Controlador*. Tese de Doutorado apresentada à Faculdade de Direito da Universidade de São Paulo, sob a orientação do Prof. Calixto Salomão Filho. 2009.

POUND, John. The Promise of the Governed Corporation. *Harvard Business Review on Corporate Governance,* 2000. Disponível em: <https://hbr.org/1995/03/the-promise-of-the-governed-corporation>. Último acesso em: 24 fev. 2020.

REALE, Miguel. *Lições Preliminares de Direito*. 27ª ed. São Paulo: Saraiva, 2002.

REINO UNIDO. *Debate on Amendment to Question [10th November]. Parliament Bill.* 11 de novembro de 1947. Disponível em: <https://api.parliament.uk/historic-hansard/commons/1947/nov/11/ parliament-bill#S5CV0444P0_19471111_HOC_292>. Último acesso em: 23 fev. 2020.

RIBEIRO, Milton Nassau. Fundamentos e Efeitos Jurídicos da Governança Corporativa no Brasil. *Revista de Direito Mercantil, Industrial, Econômico e Financeiro*, nº 127, jul./set. 2002. São Paulo: Malheiros.

RIPERT, Georges. *Aspectos Jurídicos do Capitalismo Moderno.* Tradução de Gilda. G. de Azevedo. Rio de Janeiro: Freitas Bastos, 1947.

ROCHA, Jean Paul C. Veiga da. Regulação financeira, Direito e democracia. *In*: *Regulação, Direito e Democracia.* José Eduardo Faria (org.). São Paulo: Fundação Perseu Abramo, 2002.

ROE, Mark J. A Inevitável Instabilidade da Governança Corporativa Norte-Americana. *Revista de Direito Mercantil, Industrial, Econômico e Financeiro.* São Paulo: Malheiros, outubro/dezembro de 2005.

_______. Can Culture Constrain the Economic Model of Corporate Law? Harvard Law School, *Public Law Research Paper* nº 36; *Harvard Law and Economics Discussion Paper* nº 381. 2002. Disponível em: <http://ssrn.com/abstract=320882>. Último acesso em: 24 fev. 2020.

ROSSETTI, José Paschoal, ANDRADE, Adriana. *Governança Corporativa:* Fundamentos, Desenvolvimento e Tendências. 7ª ed. São Paulo: Atlas, 2014.

ROUSSEAU, Jean-Jacques. *Do Contrato Social.* 1762. Domínio Público. Disponível em <http://www.dominiopublico.gov.br/>. Último acesso em: 16 dez. 2019.

SALAMA, Bruno Meyerhof. *O Fim da Responsabilidade Limitada no Brasil:* História, Direito e Economia. São Paulo: Malheiros, 2014.

SALOMÃO FILHO, Calixto. *O Novo Direito Societário.* 4ª ed. rev. ampl. São Paulo: Malheiros Editores, 2011.

SALOMÃO NETO, Eduardo. *O Trust e o Direito Brasileiro.* São Paulo: Trevisan Editora, 2016.

SANCHES, Ana Maria Brito. *A Noção de Direitos no Pensamento Político da América Britânica.* Tese de Doutorado Apresentada na Faculdade de Filosifia, Letras e Ciências Humanas da Universidade de São Paulo. Orientador: Prof. Rolf Kuntz.

SANTANA, Maria Helena *et al.* The International Bank for Reconstruction and Development/The World Bank. *Focus 5: Novo Mercado and Its Followers: Case Studies in Corporate Governance Reform.* Tradução: B3. 2008. Disponível em: <http://www.b3.com.br/data/files/2C/46/8A/B7/88337610515A8076AC094EA8/Focus%205_Capitulo%20Novo%20Mercado%20_IFC%202008_.pdf>. Último acesso em: 20 fev. 2020.

SILVA, Alexandre Couto (Coord.) *et al. Direito Societário:* estudos sobre a Lei das Sociedades por Ações. São Paulo: Saraiva, 2012.

SILVA, Rodrigo Tellechea. *Autonomia Privada no Direito Societário.* São Paulo: Quartier Latin, 2016.

_____. *Sociedades anônimas fechadas: direitos individuais dos acionistas e cláusula compromissória estatutária superveniente.* Tese de Doutorado apresentada à Faculdade de Direito da Universidade de São Paulo. Orientador: Prof. Dr. Erasmo Valladão Azevedo e Novaes França. 2015.

SILVA, Virgílio Afonso da. *Direitos Fundamentais:* conteúdo essencial, restrições e eficácia. São Paulo: Malheiros, 2009.

TAYLOR, C.C.W. *"Plato's Totalitarianism" Polis* 5 (1986): 4-29. Reprinted in *Plato 2: Ethics, Politics, Religion, and the Soul*, ed. Gail Fine (Oxford: Oxford University Press, 1999), 280-296.

TEIXEIRA, Egberto Lacerda. *Das Sociedades por Quotas de Responsabilidade Limitada.* São Paulo: Quartier Latin, 2007.

TEPEDINO, Ricardo. *In:* LAMY FILHO, Alfredo; BULHÕES PEDREIRA, José Luiz (coord.) *Direito das Companhias.* Rio de Janeiro: Forense, 2009.

TOLEDO, Paulo F. C. Salles. Modificações Introduzidas na Lei das Sociedades Por Ações, Quanto à Disciplina da Administração das Companhias. *In: Reforma da Lei das Sociedades Anônimas - Inovações e Questões Controvertidas da Lei nº 10.303, de 31.10.2001.* LOBO, Jorge (coord.). São Paulo: Forense, 2002.

_____. As Sociedades Limitadas Podem ter Conselho de Administração? *In: Poder de Controle e Outros Temas de Direito Societário e Mercado de Capitais.* CASTRO, Rodrigo R. Monteiro de, e AZEVEDO, Luís André N. de Moura (coord.). São Paulo: Quartier Latin, 2010. P. 357 a 373.

UNGER, Roberto Mangabeira. *O direito e o futuro da democracia.* São Paulo: Boitempo, 2004.

VERGUEIRO, Carlos Eduardo. *Acordo de Acionistas e Governança das Companhias.* São Paulo: Quartier Latin, 2010.

WALD, Arnoldo. A Reforma da Lei das Sociedades Anônimas: os Direitos dos Minoritários na Nova Lei das S.A. *In: Reforma da Lei das Sociedades Anônimas - Inovações e Questões Controvertidas da Lei nº 10.303, de 31.10.2001.* LOBO, Jorge (coord.). São Paulo: Forense, 2002. P. 241.

WERDER, Axel V.; TALAULICAR, Till; Kolat, GEORG L. Compliance with the German Corporate Governance Code: An Empirical Analysis of the Compliance Statements by German Listed Companies. *Corporate Governance: An International Review*, v. 13, nº 2, mar. 2005. <https://ssrn.com/abstract=684308>. Acesso em: 7 out. 2017.

WIEDEMANN, Herbert. Excerto do Direito Societário I - Fundamentos. Tradução de Erasmo Valladão A. e N. França. *Revista de Direito Mercantil, Industrial, Econômico e Financeiro* nº 143. Inst. Bras. de D. Comercial Comparado e Biblioteca Tullio Ascarelli do Depto. de Direito Comercial da Faculdade de Direito da USP.